U0584827

道德模范 光明礼赞

中央文明办二局　光明日报社　主编

人民出版社

前言

道德模范是新时代的平凡英雄，是社会主义核心价值观的人格化身。习近平总书记强调，要广泛宣传道德模范的先进事迹，弘扬道德模范高尚品格，引导人们向道德模范学习，争做崇高道德的践行者、文明风尚的维护者、美好生活的创造者。

为认真贯彻中央领导同志关于广泛宣传道德模范的重要指示精神，深化拓展道德模范宣传工作，自2020年8月起，中央文明办二局和光明日报社联合启动“道德模范光明礼赞”专题宣传栏目。截至2021年5月底，“道德模范光明礼赞”专栏以“人物通讯和配发评论”的形式刊发稿件40多篇，中国文明网、光明网同步推出道德模范人物事迹短片30多支。在采访过程中，记者们无时无刻不被这群可爱可敬的人感动着、震撼着，真切感受到道德模范身上流淌着的淳朴与善良，亲身领略到道德模范身上奔涌着的无私与勇敢，深刻感悟到道德的温暖与力量，为之折服、为之倾倒，并努力将之诉诸笔端和镜头，通过形式多样的报道方式、有态度有温度的新闻产品和受众本位的报道视角，既使道德模范更加可亲可信可学，也感染更多人，带动更多人。“道德模范光明礼赞”专栏稿件和事迹短片推出后，各级各类媒体踊跃转载，社会反响热烈，截至目前，累计阅读量达2.9亿余次，在各地掀起了为美德点赞、向模范学习的热潮。

本书选取的30位道德模范都是2019年评选表彰的第七届全国道德模范，涵盖助人为乐、见义勇为、诚实守信、敬业奉献、孝老爱亲5类模范。老英雄张富清60年深藏功名，在祖国和人民最需要的地方默默奉献，用实际行动诠释了共产党员的初心本色；“排雷英雄”杜富国以血肉之躯为战友挡住危险，展示了新时代战士敢于牺牲、乐于奉献的时代风采；“第一书记”黄文秀牺牲在脱贫攻坚一线，用30岁的芳华谱写了新时代青春之歌；“英雄机长”刘传健带领机组成员临危不乱、果断应对，完成了一次“史诗级”备降，确保了机上乘客的生命安全……道德模范是道德实践的榜样，是推进公民思想道德建设最鲜活的教科书。他们身上所蕴含的热爱祖国、奉献人民的家国情怀，自强不息、砥砺前行的奋斗精神，积极进取、崇德向善的高尚情操，激励更多的人肩负起民族复兴的历史重任。他们集中展示了新时代思想道德建设的丰硕成果，也充分彰显出中华民族昂扬向上的精神风貌。

伟大时代呼唤伟大精神，崇高事业需要榜样引领。当今中国正乘势而上开启全面建设社会主义现代化国家新征程，更需要道德理念的丰润滋养，更需要精神力量的强大支撑，更需要先进模范的示范引领。广泛宣传学习道德模范，就是要把向上向善的种子播撒到社会的每一个角落，用道德模范的高尚情操感召亿万群众，用榜样的力量推进思想道德建设，推动形成适应新时代要求的思想观念、精神面貌、文明风尚和行为规范，为奋进新时代、共筑中国梦提供强大精神动力和道德支撑。

谨以此书献礼中国共产党成立100周年。

目　录

身影总在祖国和人民最需要的地方

——记第七届全国道德模范、中国建设银行来凤支行原副行长张富清

“我是一个老兵，我是党培养的人，我要永远听党的话，永远跟党走。”

扫码观看张富清专题片

一只皮箱、一位老人、一场战争、一颗初心……光影变幻之间，故事缓缓展开。近日，话剧《张富清》从湖北恩施来凤县出发，开启全国巡演，老英雄张富清的事迹成为党史学习教育的生动教材。

全国道德模范张富清是原西北野战军359旅718团2营6连战士、“共和国勋章”获得者、全国优秀共产党员，他的故事感动中国。

回溯过往，张富清的一生始终与时代同频共振。革命战争岁月，他英勇奋战、保家卫国；社会主义建设时期，他艰苦奋斗、为民造福；改革发展年代，他克己奉公、坚守本色。

追随足迹，张富清的身影总在祖国和人民最需要的地方。陕西、甘肃、青海、新疆、湖北，曾经的他用双脚踏遍大半个中国，如今年近百岁的他依然在尽己所能、发挥余热。

“和牺牲的战友相比，我有什么资格张扬呢”

2018年12月，来凤县开展退役军人信息采集工作，张富清一生压箱底的“秘密”才被公之于众。

映入眼帘的是一本褪色的立功证书、一份泛黄的西北野战军报功书、3枚闪耀着光芒的军功章、一本鲜红的中国人民解放军转业军人证明书……

“‘人民功臣’奖章不是一般人能够得到的，应该是在某个大型战役中，对整个战局有突出贡献，或者对战局有扭转作用才能获得的。”来凤县人社局退役军人信息采集员聂海波说。

时间回到1948年3月，陕西省汉中市洋县24岁青年张富清参加中国人民解放军，由于作战勇猛，当年8月，由连队集体推荐他火线入党。

立功证书记载的正是张富清1948年11月参加永丰战役的英勇事迹。彼时，西北野战军以陕西渭南蒲城县永丰镇为核心，向国民党第七十六军发起攻坚战。

张富清所在的六连是突击连，奉命在敌军城墙上炸开一个缺口。在枪林弹雨中，张富清和两名战士匍匐到城墙下，装好炸药包。

“你们赶紧跳进壕沟里!”说罢，张富清沉着地拉响了插在炸药包里的手榴弹。

剧烈的爆炸震晕了张富清，在“嘟嘟嘟”的冲锋号声中，张富清摇摇晃晃地站起来，只觉得嘴里一阵剧痛，忍耐不住，吐出一口鲜血。原来，他满口的牙被爆破震松，三颗大牙当场脱落。

城墙炸开后，张富清和战友奋不顾身地径直往里打去，下一个目标是炸毁敌军的碉堡。他们以最快的速度朝着那吐着“火舌”的碉堡靠近。

随着两声巨响，碉堡被揭了顶，张富清再一次站起时，只觉得两眼模糊不清，情急之下，他用手顺着额头朝上一抹，手上全是鲜血。那是刚才站起来时，一颗子弹从他头顶飞过，像耕田的犁一样划开了他的头皮。张富清不顾自身安危，继续作战，打退敌人数次反扑，孤军奋战持续到天明，夺取敌人碉堡两个，缴获机枪两挺。

西北野战军司令员兼政委彭德怀签发的报功书上说，张富清“因在陕西永丰城战斗中勇敢杀敌，荣获特等功，实为贵府之光、我军之荣”。

因为作战英勇，张富清在解放大西北战斗中立下赫赫战功：荣立西北野战军特等功一次、军一等功一次、师一等功一次、师二等功一次、团一等功一次，并被授予了军“战斗英雄”称号、师“战斗英雄”称号和“人民功臣”奖章。

回忆起这些往事，张富清尽管自豪，但也难掩悲痛：“和牺牲的战友相比，我有什么资格张扬呢？”

“让大家过上好日子，我们才对得起人民群众”

新中国成立后，国家百废待兴，社会主义建设全面展开，不仅军队需要人才，地方更需要年轻有为的干部。

站在人生的十字路口，已是连职军官的他听说湖北西部恩施来凤县条件艰苦，急缺干部，他二话不说：“我去！”

来凤县的领导得知前来报道的张富清经历过战火考验，上过军事文化补习学校，接受过专业培训，于是给他安排了一份很重要的工作——担任城关镇粮油所主任。

上任不久，张富清就遇到了粮食收购的难题，他绞尽脑汁想了不少办法，一方面自建米厂，增加粮食供应；另一方面严守规矩，严格分配。为此，他得罪了县里的一些人。领导找他谈话，让他办事不要太死板、固执。张富清没有退步，“粮食紧缺，谁也不能搞特殊，不然就违反了党的政策！”张富清掷地有声地说。

1959 年，张富清迎来了更加艰苦的工作环境，他离开县城，去到了更贫穷、更偏远的三胡区。“天无三日晴、地无三里平、人无三分银”，三胡样样都占。

两个月后，三胡遭遇了百年未遇的旱灾，一时间各生产大队人畜用水告急。张富清主动四处找水，他同社员们克服酷暑，走河道、钻山洞，克服重重困难，终于找到泉眼。当年秋冬季，他带领社员开展水利建设，筑水坝、修渠引水，确保农田灌溉，保证了粮食收成。

张富清在家中看书（新华社发）

三年困难时期，为解决饥荒问题，张富清又主动提出驻队搞生产。其间，张富清不怕脏、不怕苦、不怕累的劲头，让社员无不刮目相看。生产队队长问他："你是公社的领导，饿不着、热不着、冷不着，为什么非要住到生产队里与我们吃一样的苦，受一样的罪，究竟是为啥?"

张富清想也没想就说："我们是共产党的干部，可不是过去的官老爷。就应该与社员同甘共苦，让大家过上好日子，我们才对得起人民群众。"

巍巍武陵山里，办事靠走，喊人靠吼。转任卯洞公社革委会副主任的张富清，为了改善当地交通，在120多个日日夜夜里，抡大锤、打炮眼、开山放炮，和群众一起苦干，在国家没有投入、没有专项征地拆迁费用的条件下，在海拔1000多米的悬崖绝壁上修通了一条公路，圆了当地群众的世代梦想。

“我不能再为国家做什么，能节约一点是一点”

退休后的张富清仍保持着读书看报的习惯，《习近平总书记系列重要讲话读本》被他翻阅得封皮泛白。

第 110 页的一段文字旁，做着标记——“要不断改造主观世界、加强党性修养、加强品格陶冶，老老实实做人，踏踏实实干事，清清白白为官，始终做到对党忠诚、个人干净、敢于担当。”

这批注正是张富清的真实写照。

改革开放后，老百姓的日子越过越红火，张富清一家却过得清贫。

1979 年，在三胡区和卯洞公社工作了整整 20 年的张富清接到了县外贸局副局长的任命。搬家时，人们发现，张富清的家里除了一只皮箱、一个矮柜外，竟没有一件像样的家具。

张富清不仅对自己苛刻，对家人亦是如此，从不为子女动用手中

张富清近照（受访者家属提供）

的权力。

其子张建国、张健全对此有着共同的体会。张建国从来凤县师范毕业那年，正好赶上张富清从工作了 20 年的乡镇调回县城，张建国希望能留在县城的学校教书，便给父亲提出了自己的想法。张富清反而劝说他："农村需要年轻的教师，如果你们刚毕业的学生都不愿意到乡村教书，那谁来教农村娃学文化?"

时间一晃到了 1984 年 12 月，时任中国建设银行来凤支行副行长的张富清到了离休年龄，恰逢上级银行分给来凤一个提挡增薪的指标。儿女们幽默地提醒他说："老爸，革命的生涯可是最后一站了，提挡增薪的机会也是最后一次了，这次就不要'孔融让梨'了。"

张富清平淡地回答："我做牵头的副行长，哪能见了好处就往自己怀里揽。"于是把机会让给了另一位副行长。

建行的员工，在日常点滴中感受到了老行长的精神境界。现任建行来凤县支行行长李甘霖提到，张富清眼睛有白内障，需要植入人工晶体。手术前，行领导特意叮嘱，张老是离休干部，医药费全额报销，可以选好一些的晶体。医生给他推荐了 7000 多元到上万元的产品，但张富清听说同病房的病友用的是 3000 多元的，也选了跟他一样便宜的。

李甘霖问他，为什么不选好一点的，老人笑了："现在吃的用的都很好，我很满足。我不能再为国家做什么，能节约一点是一点。"

2021 年春节期间，张富清身体不适，进入恩施州中心医院治疗。4 月 19 日下午，湖北省退役军人事务厅一行专程探望慰问老英雄。张富清说："我今年 97 岁了，我是一个老兵，我是党培养的人，我要永远听党的话，永远跟党走。"

【短评】

弘扬奉献精神　凝聚奋斗力量

革命战争岁月，张富清响应号召，光荣入伍，在党的领导下冲锋陷阵、英勇无畏，以无比坚定的革命意志和视死如归的革命精神立下赫赫战功。

和平发展年代，张富清心系国家，主动到艰苦的地方去、到祖国和人民最需要的地方去，他舍小家、为大家，始终与人民群众保持血肉联系。

离休以后，张富清克己奉公、坚守本色，省吃俭用，不给组织添麻烦，在毫不利己专门利人的境界中发挥余热，把对党的无限忠诚融入血脉、刻在心上。

在湖北来凤县，老英雄张富清的先进事迹已成为党史学习教育活教材，干部群众实地走访老英雄曾经工作过的地方，感受他扎根鄂西山区为民造福的本色初心。道德模范是引领前行的“航标”，我们应当进一步学习张富清的精神境界，在为群众办实事中弘扬奉献精神，凝聚起开新局的奋斗力量。

（夏静　晏华华）

“永远以战斗的姿态追梦圆梦”

——记第七届全国道德模范、陆军某扫雷排爆大队战士杜富国

“我思索着，怎样的人生才是真正有意义有价值的，衡量的唯一标准是真正为国家做了些什么，为百姓做了些什么……”

扫码观看杜富国专题片

他的眼睛看到这个世界的最后一幕，是爆炸发出的火光。

2018年10月11日，云南省麻栗坡县老山雷场“轰”的一声巨响传来，一枚手榴弹突然爆炸，他下意识地为战友遮挡了爆炸冲击波和弹片，自己却永远失去了双手和双眼。

他就是第七届全国道德模范、陆军某扫雷排爆大队战士杜富国，一个以血肉之躯为战友挡住危险，负伤后依旧向阳而生的“90后”排雷英雄。

现在，除了“排雷英雄战士”之外，杜富国还有一个身份——军队广播节目“南陆之声”的播音员。“眼睛失去光明，心里升起太阳”，因为眼睛看不见，杜富国需要花大量时间背诵稿件、精心磨合，之后才能开始录音。“（节目）成功播出后我觉得挺开心的，也很知足。”杜富国坚定地说，“我的新长征路才刚启程，请大家放心，我会永葆党员初心、军人本色，永远以战斗的姿态追梦圆梦！”

“到雷场去战斗”

“我思索着，怎样的人生才是真正有意义有价值的，衡量的唯一标准是真正为国家做了些什么，为百姓做了些什么……我感到这就是我的使命，一个声音告诉我：我要去扫雷！”2015年，当驻守边防的杜富国得知上级组建扫雷大队的消息后，第一时间在申请书中写下这样一段话。

那时，身边有人劝他：“地雷不认人，何必去冒这个险？”杜富国铿锵有力地回应：“怕死就不来当兵了，我要到雷场去战斗！”

刚到扫雷大队时，上级准备安排杜富国到炊事班，但他坚持到一线去排雷。经历了数月集训后，杜富国和来自不同单位的400余名战友，义无反顾奔赴扫雷战场。

2016年10月，受伤前的杜富国向记者展示自己排除的1枚地雷（新华社发）

在搜排4号洞雷场一片不足3平方米的区域时，当地村民都说在这里踩踏过多次，“肯定没雷”。战士们向下清理了近半米也都是生活垃圾，可杜富国执意不忽视任何死角：“如果我们遗漏一个角落、遗留一枚地雷，老百姓踩到可能就没命了。”他主动带头利用半天完成清理任务，最终在周边搜排出爆炸物10余枚。

杜富国当时的队长龙泉至今记得杜富国申请入党时说过的话：“我入了党，就有责任带头干、挑担子。”龙泉说，走上雷场不到一年，杜富国就成了大队组建发展的第一批党员。

在扫雷作业中，杜富国常常第一个进雷场、第一个设置炸药、第一个引爆，大家都称他是“雷大胆”。负伤后，杜富国仍然希望能“装一双智能手继续去排雷、去战斗”。

从“戍边尖兵”到“扫雷能手”

“不是天赋异禀，而是百炼成钢”，这是杜富国的成长秘诀。

新兵下连，杜富国面临专业跟不上、体能不出众、动作不协调等难题，他暗自发誓：“别人能做到的，我也能做到，而且能做得更好。”空隙时间啃教材、午睡时间勤加练习、每天早晚坚持负重跑……不懈的努力最终让杜富国在连队中脱颖而出。

中老33号界碑是全团公认最难走、最艰险的，按惯例不让列兵参加。但杜富国打破了这个惯例，他下连一个月后就主动申请，成了当时唯一一个到达33号界碑的列兵。令全团官兵更加刮目相看的是，不断超越自我的杜富国还是列兵时，就被破格推荐参加预提指挥士官集训，在上等兵期间就担任了副班长，是公认的“戍边尖兵”。

“一名优秀的战士，不是天生具备的，而是在不断地学习、不断地创新及实践中，通过不断总结和提高自己的思想境界才能形成的。”入伍这些年，杜富国从事过4个专岗，他干一行爱一行、专一行精一行。

置身生死雷场，杜富国深知“跟死神打交道，没有真本事不行”。刚到扫雷队时，他学习扫雷理论十分吃力，首次理论摸底考试成绩只有32分，这让他下了奋起直追的决心。杜富国的父亲记得，儿子的扫雷教材，满是圈圈点点的笔迹。渐渐地，杜富国的理论成绩一次比一次高。

探雷器是扫雷兵的“手中枪”，“学会5分钟，学精要5年”。为把笨拙的探雷器练成自己的“第三只手”，杜富国将铁钉、石块、弹片等混合埋设，并使用斜放、混合、覆盖等方法增加难度。为了练就探雷针的手感，他把连队的草坪扎了个遍。3个月的训练期还没结束，杜富国就熟练掌握了10余种地雷的排除方法，做到探雷器一探就能准确辨别地雷埋设位置、知晓地雷种类，分辨出是金属残片还是雷管引信，还探索出“田字切割法”，设计出多功能卡口沙箱。

最终在临战训练综合性考核中，杜富国的所有科目被评为优秀，成功拿到了扫雷“入场券”。在此后 3 年多的时间里，杜富国累计进出雷区 1000 余次，排出各类地雷和爆炸物 2400 余枚，实现了从“戍边尖兵”到“扫雷能手”的完美转变。

“军人即使倒下，也要倒向冲锋的方向”

中越边境云南段第三次大扫雷，雷场地势险要、自然环境复杂、布雷密度高、雷障种类多，很多情况下只能人工搜排。人工排雷是密切配合、生死相依的团体战，杜富国总是主动把危险留给自己，把战友护在身后。

杜富国的班长刘贵涛记得，在八里河东山某雷场，他探到 1 枚罕见而危险的抛撒雷，没等自己命令，杜富国说着“班长，这种小事，让我来就行了”，就匍匐到地雷前开始作业。“他就是这样，不管与上级还是下级同组作业都争着上，他其实是不想让别人冒险，‘让我来’已成了他的习惯。”刘贵涛说。

2018 年 10 月 11 日下午，杜富国和战友艾岩在麻栗坡县猛硐乡老山西侧雷场进行扫雷作业，发现一个少部分露于地表的弹体，初步判断是一颗当量大、危险性高的加重手榴弹，接到“查明有无诡计设置”的指令后，杜富国对艾岩说:“你退后，让我来。”就在他按照作业规程小心翼翼上前清理浮土时，“轰”的一声巨响传来，手榴弹突然爆炸，他下意识地倒向艾岩一侧，为战友筑起了一道生命的“挡墙”，自己却失去了双手和双眼。

“军人即使倒下，也要倒向冲锋的方向。”如今，回忆起那次爆炸，杜富国表示从没后悔过，“我们是以命相托的兄弟，换了谁，都会这么做。”

杜富国负伤后的坚强，让主治医生陈雪松都深感钦佩和震撼：“我们当医生的见多了伤残生死，但从来没有遇到这么坚强的战士。只要部队领导过来探望，即使蒙着双眼、缠着绷带，他都响亮答‘到’。”

2018 年 11 月 24 日中午，一场特殊的一等功授勋仪式在病房中举行。杜富国用残缺右臂敬礼的照片令网友动容不已：“哪有岁月静好，只是有人为我们负重前行!”

“我只是换了一种生活方式的正常人。”谈及很多人都用“英雄”来形容自己，杜富国笑着说：“我不是什么‘英雄’，我只是做了我该做的事。”

杜富国（右）在接受光明日报记者采访（光明图片）

在生活的"战场"上，杜富国依然是强者。负伤后，杜富国从走路跑步、穿衣吃饭等最基本生活技能开始，每天积极投入康复训练，练体能、练写字、学播音……逐步找到了新的生活价值和生活方向。"他比以前更爱笑，更开朗了，想尝试的事情也越来越多了。"杜富国的妻子王静说。

前不久，南部战区陆军组织开展"穿越时空的对话"新老英模访谈，有官兵提问"是什么给了你不懈奋斗的勇气"，杜富国回答："只有经受住伤残所带来的考验，不断挑战自己、战胜自己，才是身为一名军人该有的样子！未来的路还很长，我将在不同的战位上继续为强军事业贡献自己的微薄之力，让今后的人生更加出彩。"

【短评】

用生命担当使命的新时代英雄战士

"雷区"是英雄的阵地，"逆行"是英雄的担当。杜富国面对危险，把生的希望留给他人，把死的危险留给自己，用血肉之躯挡住了手榴弹爆炸的弹片，守护了战友的平安，诠释了新时代军人坚决听党指挥、勇于献身使命的铮铮铁骨，展示了新时代战士为祖国为人民敢于牺牲、乐于奉献的时代风采。

祖国无战事，军人有牺牲。为了来之不易的"岁月静好"，多少军人前赴后继。英雄壮举并非与生俱来，而是建立在钢铁般的意志精神和过硬的能力素质上。他们不是没有想过牺牲的可能，但每一次选择的背后，都充盈着舍生忘死的胆识气魄。心有所畏亦笃行，更显其英雄本色。

时代造就英雄，英雄引领时代。杜富国是深入贯彻习近平强军思想、奋力推进新时代强军事业中涌现出来的先进典型，是用生命担当使命的新时代英雄战士。今天，我们学习杜富国，就要像他那样对党忠诚，勇于担当作为，面对困难奋力拼搏，书写精彩人生。

（章文）

在脱贫攻坚战线谱写新时代青春之歌

——记第七届全国道德模范、广西百色市乐业县百坭村原第一书记黄文秀

“我来自贫困山区，我要回去，把希望带给更多父老乡亲，为改变家乡贫穷落后面貌尽绵薄之力。”

扫码观看黄文秀专题片

“蝴蝶啊，空中飞，身轻力不亏，年年引得东风到，岁岁与春归……”

这是以第七届全国道德模范黄文秀为原型创作的民族歌剧《扶贫路上》主题曲《蝴蝶飞》中的唱词。歌剧将这位年轻第一书记的逝去赋予“化蝶”寓意。在广西百色市乐业县新化镇百坭村，这只勇敢而美丽的“蝴蝶”，用年仅30岁的青春芳华践行初心与使命，用心中的信念之光传递温暖与梦想，在脱贫攻坚战线谱写了新时代青春之歌。

“破茧成蝶”

“我是个山里孩子，将来想回家乡工作，把家乡建设好。”黄文秀出生于百色老区，她从小树立了建设家乡的志向。在高中一堂政治课上，她说出了自己的梦想，而这也指引着她未来的人生选择。

2008年，黄文秀考取山西长治学院，成为一名思想政治教育专业的大学生。

“她是一个专门利人的人。”大学同学李琴犹记得，班里开展慰问福利院的公益活动，黄文秀总是忙前忙后，捐物出力；班里推荐贫困补助名单，她总谦让给其他同学。

2011年6月11日，在鲜艳的党旗下，黄文秀宣誓加入中国共产党。她在入党申请书中写道：“只有把个人的追求融入党的理想之中，个人的理想才会更远大。”

2013年，黄文秀本科毕业后，考取了北京师范大学哲学学院硕士研究生。来到北京，黄文秀的视野更开阔，心胸也更宽广。“我愈发感觉到自己肩上有一种责任，那就是学成后建设家乡、报效祖国。”

奔走在乡间的黄文秀（新华社发）

黄文秀在日记中写道。

读研期间，她积极参加社会实践，倾情关注基层教育及扶贫。2015 年，她参与首届“启功教师奖”评选调研，对基层贫困乡村现状有了更深刻的认知和理解，她说：“乡村的未来，在教育，更在人才。”

毕业前，黄文秀回到广西深度贫困地区调研，撰写了硕士学位论文《广西壮族优秀传统文化中德育资源的开发》。

2016 年硕士毕业后，黄文秀毅然选择回到家乡，当一名定向选调生，扎根基层。“我来自贫困山区，我要回去，把希望带给更多父老乡亲，为改变家乡贫穷落后面貌尽绵薄之力。”黄文秀如是说。

“蝶飞南国”

那个充满希望的七月，这只满怀热忱的“蝴蝶”，从北京飞回了生她养她的家乡——革命老区百色。

在百色市委宣传部，黄文秀领到了人生的第一本工作证。一年后，她来到石漠化片区田阳县那满镇担任党委副书记，期满又主动请缨到乐业县百坭村任第一书记。

彼时的百坭村山高路远，发展滞后，195户建档立卡贫困户分散居住在不同山头。黄文秀用近两个月时间，翻山越岭进行入户调查，还在笔记本上绘制了贫困分布图，摸清了村情与村民致贫原因。

初来百坭村时，一些村民并不看好黄文秀，有人甚至怀疑她是来“镀金”走过场的，不愿意跟她多聊。面对质疑和不配合，黄文秀没有放弃，她在日记中写下：“要想让老百姓愿意接近我，就得让他们觉得我和他们是一样的。”

她换下漂亮的裙子，穿上休闲运动装，进村入户访贫问苦。她常常帮贫困户家里收拾房间、打扫院子。有的村民不让她进家门，她就去两次、三次，村民家里没人她就到田地里去，边帮村民干农活边聊天。渐渐地，村民们开始接受她。

“文秀是一位负责任的好书记。”班龙排是当时还没脱贫的烟农，发展方向不明，脱贫动力不足。黄文秀暗下决心：“一定要全力帮他渡过难关！”她隔三岔五就到班龙排的烟田里查看并帮他出主意、想办法。2019年，班龙排种下的10亩烟叶长势良好，当年顺利脱贫。

“只有扎根泥土，才能懂得人民。”驻村的每一天，黄文秀都争分夺秒，深扎基层。她带领村民们硬化道路、修建蓄水池、管护砂糖橘、种植油茶树……在任职 1 年多的时间里，她帮助全村 88 户 418 人脱贫，将贫困发生率从 22.88%降到 2.71%，整村脱贫指日可待。

2019 年 6 月，雨季来临，暴雨导致百色山区多处路段塌方。黄文秀回家陪护刚做完手术的父亲，因放心不下村里的防洪工作，便冒着暴雨连夜返回百坭村，途中遭遇山洪不幸牺牲。

黄文秀 30 岁的芳华永远定格在了脱贫攻坚路上。

家乡蝶变

2019 年 7 月，黄文秀生前同事、百色市委宣传部干部杨杰兴接任百坭村第一书记，来到黄文秀工作过的地方，睹物思人，杨杰兴下定决心：“我们一定要继续奋战，完成文秀同志生前的心愿！”

黄文秀（右）到村民家走访，主动帮村民掰玉米（新华社发）

修建产业路、筹办幼儿园、壮大特色产业……黄文秀的同事们沿着她的思路，将百坭村群众的需求列成清单，一一抓落实。

为修通“扶贫产业路”，黄文秀的同事们跑项目、找资金、请专家，带头谋划产业发展，不断拓宽群众致富门路。一年间，百坭村砂糖橘产业不断发展壮大，该项产业惠及建档立卡贫困户195户888人，实现贫困户产业覆盖率100%。

当地党员干部齐心协力，带领全村群众发展多种产业。全村发展杉木1.8万亩、砂糖橘2000亩、油茶2000亩、八角1500亩、板栗800亩、茶叶620亩、猕猴桃446亩、枇杷400多亩，产业优势逐渐凸显。

百坭村以“党组织＋公司＋合作社＋农户”模式，成立村集体农业发展公司，建立电商扶贫消费网点，打造山茶油、矿泉水、茶叶、砂糖橘、蜂蜜等9个“秀起福地”系列农产品品牌，提高产业附加值，为农户带来更多收益。

2019年，百坭村贫困发生率降至1.79%，实现整村脱贫。2020年年底，百坭村所有贫困户脱贫摘帽，实现了黄文秀生前的夙愿。

如今走进百坭村，村中道路全部硬化，每个屯都安上了太阳能路灯，群众出行很方便，居住环境干净整洁。“下一步，百坭村不仅要巩固拓展脱贫攻坚成果，还要接力做好乡村振兴。”杨杰兴表示。

两年多来，越来越多的人走进百坭村，追寻黄文秀的奋斗足迹。为了传承学习模范精神，百坭村党支部开展了创建文秀先锋岗。“我们希望依托文秀同志的先进事迹，将百坭村打造成为红色教育培训基地，与乡村旅游和壮家风情结合起来，发展观光农业。”杨杰兴表示说。

“百坭村现在发生了翻天覆地的变化，是文秀书记帮我们规划好的，百坭村的群众一直怀着感恩的心，努力将黄文秀的精神传承下去。”百坭村党支部书记周昌战说。

【短评】

时代需要更多“黄文秀们”

“走出大山后回来的人不多，但我希望自己是其中一个。”黄文秀是生长于广西百色老区的壮家女儿，她从山里走向世界，学成之后又回到家乡，给贫困山村带来了新的希望。

在百坭村，黄文秀俯下身、沉下心，与村干部一道谋划村里的发展之计，用短短一年多时间，使百坭村的脱贫事业取得了决定性进展；黄文秀不幸牺牲后，她的继任者们传递“接力棒”，化悲痛为力量，持续走好脱贫攻坚长征路，最终摘掉了困扰村民的贫穷帽。

在广西脱贫攻坚战线，一大批以黄文秀为代表的优秀青年投身基层，他们一头担负着组织的殷殷重托，一头承载着村民的致富梦想，在乡间田野挥洒青春热血，一路闯关隘、啃硬骨，带领一个个贫困村华丽蝶变。

青年兴则国家兴，青年强则国家强。黄文秀的选择，是当代青年融入时代熔炉报效祖国的缩影。无数事实已经并将继续证明，我国青年不懈追求的美好梦想，始终与振兴中华的历史进程紧密相连，这正是我们实现“两个一百年”奋斗目标的重要动力。

当前，乡村振兴战略已经全面推进，又一批青年踏上新的历史征程。期待更多青年在黄文秀精神的引领下，于基层广阔天地创造更大作为。

（周仕兴　韦柔妃）

万里空域，怀揣民航强国之愿

——记第七届全国道德模范、四川航空股份有限公司副总飞行师刘传健

“当时只有一个念头，就是一定要把大家带回去。”

扫码观看刘传健专题片

初夏，青藏高原风光无限。乘坐飞机，从四川盆地到日光之城拉萨，透过机窗俯瞰大地，山梁曲曲折折，雪峰连成一线，苍茫的雪域之巅散发着让人无法抗拒的魅力。在这条航线上，每天都有众多航班穿梭其间。多数时候，第七届全国道德模范、“英雄机长”刘传健会驾驶其中一架飞机，从平原到高原，从高原到平原。

2018 年 5 月 14 日，一次生死攸关的“史诗级”备降，让刘传健迅速被大家熟知。驾驶舱前风挡玻璃脱落，瞬间失压和零下几十摄氏度的低温，自动设备无法正常使用……在常人无法想象的极端环境中，刘传健带领机组成员临危不乱、正确处置，最终确保了机上 119 名旅客的生命安全，被人们誉为“英雄机长”。看似奇迹的背后，是他长期积累的过硬专业实力，是他把确保飞行安全作为最高职责的强

以高度责任心完成每一次飞行任务（新华社发）

大责任心，是他对生命的敬畏。

作为空军，一心守护国土

1990 年，18 岁的刘传健看到空军第二飞行学院招生的消息后，第一时间报考飞行员。然而第一年，他没有考上。

没有考上飞行员，刘传健打算接父亲的班，进入水泥厂工作。得知可以复读再考后，已经在水泥厂干了两个月的刘传健非常高兴，随后返校读书，第二年考上了飞行员。

入学的前两个年头，刘传健在河北保定集训。1 月份的保定，最低气温低到零下 20 摄氏度，刘传健和同学们必须穿上短袖背心，到露天训练场跑 10000 米。

“跑的时候，我不断告诉自己再坚持一下。”刘传健说，正是这样的锻炼，让自己有了越来越坚定的意志品质，不管遇到什么困难，都有乘风破浪的勇气和决心。

“作为空军，我要对国土负责、对人民负责。”刘传健用 4 个“怎么”不断督促自己：怎么快就要怎么飞，怎么能发挥飞机的性能就要怎么飞，怎么能发挥人的能力就要怎么飞，怎么能在战争中发挥最大作用就要怎么飞。

百炼成钢是刘传健的成长秘诀。1995 年 11 月，他以全科满分的成绩转为飞行教员。而在空军第二飞行学院，转为飞行教员的概率不到百分之一。此后 10 年，刘传健培训了一批又一批飞行学员。

2006 年，刘传健作为优秀人才被推荐到四川航空股份有限公司，转业成为民航飞行员。进入川航后，刘传健两年成为机长、五年成为教员，能担负国内所有航线飞行任务。

作为机长，全心守护生命

2018 年 5 月 14 日 6 时 26 分，刘传健驾驶的 3U8633 航班像往常一样从重庆飞往拉萨，飞行高度为 9800 米。7 时 08 分，驾驶舱右侧前风挡玻璃突然爆裂脱落，驾驶舱的仪表盘开始闪烁预警信息。

“风挡裂了，我们决定备降成都！”刘传健一把抓起话筒向地面管制部门报告，同时让副驾驶发出 A7700 遇险信号。此时，座舱失压，自动驾驶设备故障，飞机剧烈抖动，情况万分危急。

“当时只有一个念头，就是一定要把大家带回去。”刘传健说，这条航线他飞了上百次，对不同时间飞机所处的位置和情况非常有把控。

刘传健强忍着极端低温、缺氧、强风和巨大噪音等恶劣条件，全手动操作飞机。由于设备损坏和风噪，刘传健无法获取飞行数据，无法通过耳机与地面建立联系。凭借精湛技术和丰富经验，他接连发出 36 个精准操作。7 点 46 分，飞机以近乎完美的曲线安全降落成都双流机场，确保了 119 名旅客和 9 名机组人员的生命安全。

近 50 年来，航空业飞速发展，对飞行员的要求也越来越高。作为机长，飞行安全已成为刘传健内化于心的最高职责，肩上的“四道杠”，分别代表着专业、知识、技术和责任。刘传健说：“它时刻提醒着我，手里握着的不仅是操纵杆，更是鲜活的生命。日常面对的不仅是冰冷的机器设备，更是无数个家庭的幸福。”

2020 年 2 月 2 日，刘传健主动申请执飞运输任务，护送四川第三批支援湖北医疗队医护人员和物资赴武汉（新华社发）

作为先进，不忘初心

新冠肺炎疫情阻击战打响以后，川航停飞了不少航班，但运输保障航班还在飞行。在重庆老家的刘传健坐立不安："我作为民航系统的先进人物，应该有所担当作为，我必须去一线，义不容辞。"

于是，刘传健毅然回川，又多次向川航提交申请书，川航批复同意了刘传健的申请。

2020 年 2 月 2 日，刘传健驾驶 3U8101 次航班输送 126 名重症医学科、呼吸内科、影像医学科的医生和护理人员以及一批医疗物资到达武汉。

“去了一次，我一定要去第二次，更要接他们回家。”2 月 9 日，刘传健再度护送四川第六批援助湖北医疗队飞抵武汉。3 月 21 日，刘传健领头执飞，接四川援助湖北医疗队第三批撤离队员回川。

“我必须走在前面，起模范带头作用。”在刘传健的眼里，只有不断学习，才能传承好航空业的精神。他说，要不断督促自己端正学习态度，并把态度落于实践，这样才能与大家一起建设好团队，建设好航空业，建设好祖国。

刘传健砥砺奋进的精神和对专业坚韧不拔的追求，日益影响着身边人。四川航空飞行部 A320 系列机型责任机长初一戈说：“现在航空公司年轻人越来越多，迫切需要高效带飞。刘机长因材施教的教育方式给了我很大启发。”

即使岗位普通，只要努力做好自己的工作，平凡的岗位也能书写不平凡。2021 年年初，刘传健受聘为中国民航大学客座教授，他寄语学校学生：“当代民航人应充分践行当代民航精神，既要有思想认识和工作热情，又要有驾驶专业的知识和能力，共同承担起建设民航强国的历史责任，实现伟大的民航强国梦。”

“5·14 事件”后，欧洲空客公司调整飞行手册，将刘传健的操作设为规范流程。2019 年 3 月，欧洲空客公司特别邀请刘传健在全球安全年会发言，这也是空客公司第一次邀请中国内地飞行员到会发言。

“以前国际上对中国航空的认知不够深入，现在对中国航空有了更高的认可和更多的信任。中国航空现在已经走出去，与全球航空日益接轨。未来，中国航空一定会成为全球航空业的中流砥柱。”万里空域，怀揣民航强国之愿，刘传健不遗余力坚守着初心。

【短评】

心有所畏亦笃行

守护空域是军人的诺言，敬畏生命是机长的担当。作为空军，他在碧空乘着长风飞翔，铸就蓝天长城，义无反顾地献身国防；作为机长，他退役不退志，退伍不褪色，紧急时刻精准无误的36个动作背后，都凝聚着百炼成钢的自信与敢于决断的气魄。英雄惜英雄，武汉危难关头，他送英雄出征、接英雄回家、向英雄致敬。三十载，他肩上的担子越来越重，心中的信仰越来越纯，落地的行动也越来越稳。刘传健已是新时代军人与飞行员的一个标杆，是用担当书写情怀、用生命践行使命的英雄。

心有所畏亦笃行，英雄本色熠熠生辉。每一个岗位都有每一个岗位的职责，每一个行业都有每一个行业的使命，今天我们学习刘传健，就要像他那样掌握高超的专业本领，在关键时刻、危急关头，在党和人民需要的时候，能够挺身而出、力挽狂澜；就要像他那样坚定对党和人民负责的信念，勇于为党和人民担责，能够无所畏惧、迎难而上，成就平凡而又非凡的人生。

（周洪双　李晓东　陈晨）

人生的“工程图”上，坚守爱与奉献的坐标

——记第七届全国道德模范、陆军工程大学教授、中国工程院院士钱七虎

“我做这些只有一个目的——回馈培养我的国家和人民，我是中国人民的儿子。”

扫码观看钱七虎专题片

不闻军号激越，不见战旗飘扬，眼前83岁的长者埋首青灯黄卷之间，却以穿山入海的雄魄，筑起“地下钢铁长城”，把一生献给了“顶住敌人来犯的风险和压力，保卫祖国的每一寸土地”这项伟大的事业。

钱七虎，陆军工程大学教授，中国工程院院士，中国现代防护工程理论奠基人、防护工程学科的创立者、防护工程科技创新的引领者。到2020年，他为中国国防事业和军事科技攻关奉献了整整60年。

在第七届全国道德模范名单中，“全国敬业奉献模范”钱七虎的名字赫然在列。一个甲子的时光，他在中国军事防护战线上绘制了无数工程图，主持攻克了无数军事科技难关，护佑国家和人民的安全；

钱七虎在办公室内读书（新华社发）

在自己人生的“工程图”上，他始终坚定不移守护着三个坐标：中国共产党员，中国军事工程科学家，中国人民的儿子。

“爱党信党跟党走，是我一生中最正确、最坚定的选择”

“国家奖励的奖金还剩下多少，捐给武汉！全部捐给武汉！”新冠肺炎疫情暴发后，钱七虎立即向组织提出这样的要求。

“疫情就是命令，防控就是责任。那么多医护人员上前线了，前方需要大量医疗设备和药物，需要建设方舱医院。”钱七虎告诉记者，“我是共产党员，我宣过誓，要为共产主义奋斗终身，随时准备为党和人民牺牲一切。我人去不了前线，我的心要去。”

650 万元，第一时间捐赠给了武汉抗疫前线。在钱七虎眼中，他与医护人员是“同行”，努力的目标都是保护国家和人民，只不过医护人员防御的是病毒，他防御的是来犯之敌。

“爱党信党跟党走，是我一生中最正确、最坚定的选择。”钱七虎在很多场合说过这句话，他用毕生精力投入国防事业，建立并不断推动我国现代防护工程事业，知道自己往哪里去；他一生坚守保卫国家的梦想，不忘共产党员的使命，知道自己从哪里来。

从哪里来？从国家危难的环境中成长而来。“国歌里唱道‘中华民族到了最危险的时候’，我就是在那个时候出生的。”1937 年 8 月，淞沪会战爆发，钱七虎的家乡江苏昆山陷入战乱。

那一年，母亲在逃难途中的小船上生下他。“在那条小船上，母亲怕我的啼哭引来日本兵，不得不把我的嘴捂住，心疼地留下泪水。”钱七虎忘不了在日军铁蹄下生活的 8 年童年时光，“我们小时候常常看见日本的‘啪啪船’去农村抢军粮。”

“为什么老百姓叫它‘啪啪船’?”钱七虎解释道，“因为日本的兵船有柴油发动机，发动机工作时会啪啪作响。”这是留在童年钱七虎心中“落后就要挨打”的深刻印记。

高中毕业那年，上海中学团委书记找到钱七虎问:“哈军工（中国人民解放军军事工程学院）需要人，你想不想去?”他毫不犹豫选择去哈军工，他要建造有力的武器保家卫国，不管犯我中华者是哪里来的“啪啪船”。在这里，他与防护工程专业结缘，走上国防事业生涯，用一生的时间做一件事——为国家铸就“地下钢铁长城”。

“为国家科技进步发光发热，是我一生的梦想”

20 世纪 70 年代初，核爆蘑菇云在戈壁荒漠升腾，中国某个核武器爆炸试验成功。一群身着防护服的科研人员便迅速进入核爆中心勘察爆炸现场，钱七虎便是其中一员。他们在做实验，观察和解决飞机洞库门在核爆冲击下的质量问题。

如果说核弹是军事力量中锐利的“矛”，那么，防护工程则是一面坚固的“盾”。那时，30 多岁的钱七虎受命设计空军飞机洞库门，为了找准原有设计方案存在的问题，他专门到核爆试验现场调查研究。

“防护门严重变形，打不开了。飞机飞不出去，怎么展开反击?”钱七虎马上优化方案，从优化计算精度入手开始攻关，他认为防护工事必须向现代计算理论和计算设备的水平迈进。

那时，先进的计算机语言和程序还是新鲜事物，很多科学家还没

钱七虎在办公室内接受采访（新华社发）

有接触过。钱七虎毫不犹豫，马上学习。历经艰难，他利用大型晶体管计算机和有限单元法进行工程计算，解决了控制大型防护门变形计算的设计计算难题。

像这样的技术攻关，钱七虎经历过无数次，他一路披荆斩棘，解决核武器空中、触地、钻地爆炸和新型钻地弹侵彻爆炸若干工程防护关键技术难题，不断引领着防护工程事业向前迈进。

从学习到工作，钱七虎热衷于攻坚克难，沉浸在学习和工作中。在哈军工学习的 6 年里，他没有游览过哈尔滨冰灯、松花江的融冰；在莫斯科学习的 4 年里，他从没有去过需要排长队参观的列宁墓，没有去莫斯科之外的任何城市游玩。

多年之后赴俄罗斯的一次学术交流活动中，钱七虎才去了列宁墓，弥补了当年的遗憾。“为国家科技进步发热发光，是我一生的梦想。”他说，“我是中国的军事工程科学家，我的学习机会是国家给的，我的学习生活是很多中国农民用辛勤劳动供养的。我要对得起国家和人民。”

“我只有一个目的，回馈培养我的国家和人民”

2019 年 1 月 8 日，2018 年度国家科学技术奖揭晓，中国人民解放军陆军工程大学钱七虎院士荣获 2018 年度国家最高科学技术奖，奖金 800 万元。

前脚刚获奖，后脚便把奖金捐了出去——他把自己荣获的国家科学技术奖奖金捐献给了自己设立于家乡昆山的“瑾晖”基金，重点资助边远贫困地区的贫困学生。这个爱心基金设立于 2006 年，而他慈善之举不是从 2006 年开始的。他从 20 世纪 90 年代起，就用自己的获奖奖金或者工资资助贫困学生，帮助孤寡老人。

那个时候，钱七虎的收入并不算高，但他每年都会拿出几万元，用于公益事业。“这是我一贯的行为。”钱七虎说，“平时就捐，捐给国家需要的地方。军队的专业技术重大贡献奖奖金、‘何梁何利奖’的奖金，还有平时的一些科研项目奖励我都捐出来了。我做这些只有一个目的——回馈培养我的国家和人民，我是中国人民的儿子。”

“瑾晖”基金“瑾”和“晖”二字，分别取自钱七虎的母亲和妻子的名字。“一个人不能只想着自己好，要关心更多的人。”母亲质朴的教诲、贫困时仍然帮助他人的举动，成为钱七虎一生的榜样；妻子袁晖始终支持自己捐助、帮助他人，因工作需要而夫妻分隔两地的16年里，妻子赡养老人、抚育孩子，为自己全身心投入国家国防科技事业创造了温暖的家庭环境。钱七虎早早做了决定，把自己接收到的大爱传递给更多的人，送往更远的地方。

这一生他培养了很多青年科技人才，他言传身教，把"不怕艰难、不怕挫折、不怕干扰"的人生格言留给了学生。"爱这个国家，就要爱人才；爱人才，就要让他们坚持这样的状态。"学生们眼中，钱七虎就像永动机一样，在追求理想的路上从不停歇。他把这种追求理想永不停歇的状态，视为最大的幸福。

【短评】

敬业奉献是高尚的人生境界

如果说钱学森等科学家铸就的是利剑，那么钱七虎铸就的是盾牌，是国家安全、人民安康的基石。作为我国现代防护工程理论的奠基人、防护工程学科的创立者，钱七虎耗尽毕生心血，为我国各个时期的防护工程建设作出了突出贡献。他的一生是敬业奉献的一生。

在敬业奉献精神的激励下，中国共产党党员的崇高理想化作积极扎实的行动，化作看得见摸得着的成果。钱七虎常说，只有把个人理想与国家的需要、民族的前途紧密联系在一起，才能有所成就、彰显价值。他不怕防护工程现场的辐射危险，坚持去工程一线、科研一线，用热爱与奉献带领、鼓舞着一批批年轻的军事科学家、年轻的共产党员。

在敬业奉献精神的召唤下，中国科学家的智慧胆识化作坚不可摧的战略防线，保卫山河，护佑人民。钱七虎一生从未动摇的目标，就是为祖国铸就打不烂、炸不毁的“地下钢铁长城”。“地下钢铁长城”，是国防安全的最后一道防线。在世界军事技术日新月异的压力之下，钱七虎不断挺进科技难关，逢山开路遇水搭桥，在不断的学习和突破中为国家构筑越来越坚实的安全屏障，为中国国防事业增添荣光。

在敬业奉献精神的涵育下，中国人民的儿子始终追求回馈社会、大爱无疆的人生境界。“我自己就是在国家的资助下成长成才的，现在很多贫困学生需要帮助，如果能像我一样完成学业，成为一个对国家和社会有用的人才，那是一件非常有意义又幸福的事。”钱七虎质朴的话语，道出忧国忧民、以天下为己任的赤子情怀。他将自己敬业奋斗得来的奖金捐给贫困学子，为他们送去物质保障，也把奋斗的精神传承给这些正在成长的幼苗。

道德模范是时代的英雄，道德模范高尚的人生境界如同闪耀的明灯照亮社会发展的前路。矢志铸盾、丹心报国的钱七虎，用责任担当筑就共和国的坚实防线，用热爱传递坚定的理想信念，他 60 年奉献岁月里的汗水与智慧、忠诚与勇敢，将熔铸进属于中华民族万众一心、上下求索的时代丰碑。在这和平发展的年代，让我们向这位奋斗在国防事业、为国家和人民的安全而负重前行的科学家致敬！

（彭景晖）

建造摩天大楼的“钢筋铁骨”

——记第七届全国道德模范、中建科工集团有限公司华南大区总工程师陆建新

“我们也一直在进行技术创新、转型升级，让老百姓的需求得到更好满足，生活品质得到进一步提高。”

扫码观看陆建新专题片

8 月 10 日傍晚，在位于广东省深圳市南山区的大疆“天空之城”项目建筑工地上，两台塔吊伸着长长的“臂膀”，临时电梯不停地上上下下，人群之中有一位身穿蓝色工作服、头戴安全帽、腰系安全带的技术大咖，他就是第七届全国道德模范、中建科工集团有限公司华南大区总工程师陆建新。

搭乘临时电梯来到距离地面约 180 米的“天空之城”项目 41 楼后，陆建新敏捷地穿过纵横交错的钢筋，走到建筑边缘，顺手把腰间安全带上的挂钩系到了安全绳上，开始认真检查施工情况。远处的塘朗山

陆建新近照（光明图片）

郁郁葱葱，一幢幢建筑高低起伏，就像一幅画卷。其中，一幢顶部尖尖的高楼比周边建筑高出一大截，十分显眼，那是深圳的“地标性”建筑——平安金融中心，也是陆建新的得意之作。

从与建筑结缘至今，38 年来，陆建新无论职务如何变化，始终坚守在施工一线。他主持承建了 4 座 100 层以上摩天大楼的钢结构工程，见证并参与了我国超高层建筑从无到有，再到国际领先的全过程；他孜孜不倦钻研施工技术和施工管理，获得各级科技进步奖 16 次、国家专利 16 项、国家级工法 1 项；他始终践行工匠精神，认真专注、精益求精，不断刷新着我国“第一高楼”的高度；他始终秉持百姓情怀，创新探索、敬业奉献，用科技力量提升百姓的生活品质。

顶着“第二座比萨斜塔”的压力把楼建直

1979 年，陆建新初中毕业，中考成绩上等。由于家里贫穷，他没有去县城上高中，而是去了南京建筑工程学校上中专，学习工程测量专业。“我在学校里学了 3 年，毕业后被分配到了位于湖北荆门的中建三局一公司，并在 1982 年 6 月 30 日赶到公司报到，从此与建筑结缘。”陆建新说。

初到荆门，陆建新开始做一些简单的测量工作。1982 年 9 月，中建三局接了 160 米高的深圳国贸大厦项目，那时国内还没有这样的高楼，陆建新很想去看看。1 个月后，由于深圳那边测量的人手比较紧张，他如愿以偿接到了去深圳的通知。

“到了国贸大厦工地，我看到大概有七八百人在干活，抬钢筋、扎钢筋，忙得不得了，一派热火朝天，而且当时是 10 月中旬，天气也很热，这是深圳给我的第一印象。”陆建新告诉记者，在这个项目中，他主要测量大楼的基础、门窗洞口定位、垂直度等。施工过程中，他们的项目团队在三次尝试滑升后，才成功应用大平台液压滑模施工技术，大大提高了施工效率，创造了“三天一层楼”的深圳速度。

“当时我们住的是用毛竹临时搭起的工棚，屋顶上有一层防水油毡。台风一来，把整个屋顶都吹掉了，我赶紧把被子、箱子收一收，那是我全部的家当，然后跑到正在建的大楼里避雨。等台风走了，把工棚重新修一下再住回去。”陆建新说。时间过得很快，大楼一层一层地“长高”，等建好时，他也从 18 岁长到了 21 岁。

接着，陆建新又开始参与建设深圳发展中心大厦，该项目高 165 米，是我国第一幢超高层钢结构建筑。当时，香港一些技术人员对陆建新他们的施工技术并不看好，声称“这幢楼会被建成第二座比萨斜塔”。

“我的压力还是蛮大的，‘比萨斜塔’意思就是楼歪了，那就是没测量好。”陆建新说，因为大楼钢柱是一节接一节不停地“长高”，如果有一节柱子往一边倾斜了，那么后面的柱子就要马上进行纠正，保证它围绕着中心线。连日来，陆建新顶着巨大的压力，反反复复地认真测量，确保大楼不倾斜。尽管当时技术相对落后，但最终他成功了，“建好后的大楼笔直笔直矗立在那里”。

450 吨的“钢铁巨人”在高空“攀岩”

1994 年，深圳地王大厦开建，该项目高达 383.95 米，是当时深圳的“新地标”。陆建新依旧在该项目中负责测量工作。

陆建新（中）在接受光明日报记者采访（光明图片）

过了一段时间，两名香港测量工程师被请了过来，开始和陆建新一起干活。那时，他发现，香港测量工程师测量的方法和自己不一样，他们是爬到柱顶上，用仪器、尺子来测量，而不是站在下面用经纬仪观察，他们的方法虽然很危险，但精确度更高。于是，陆建新开始虚心向他们学习，并结合自己方法的长处，创造了先粗校后精测的方法，摸索总结出一套标准的操作程序。

陆建新介绍，高空测量要提供三维坐标，只有角度是不行的，还必须要有尺寸距离，这个距离需要用钢卷尺来量。在300米的高空走路都不好走，用钢卷尺量来量去是很困难的。后来，香港测量工程师给他带来一台不用尺子量就能直接测出坐标的全站仪。在使用过程中，他发现，全站仪配套的反光镜像A4纸那么大，在空中拿着它很不方便。经过一番琢磨，他决定去仪器商店专门制造一个只有大拇指那么大的反光镜，调试后发现果然有效，且能放到口袋里，用起来更加方便安全。

“在危险的环境中工作，一定要想办法做一些改进创新。”陆建新说，在香港测量工程师的指导下，他们测量的精度非常高，地王大厦项目的偏差只有美国规范标准允许偏差的 1/3，在当时是非常了不起的。

“平安金融中心大楼当初设计高度是 660 米，业主让我们干得快一点，要放 4 台塔吊，但按照以往施工经验，4 台塔吊是放不下的，后来我们就把塔吊放到建筑外墙上面，相当于‘壁虎爬墙’，这个方法当时在国际国内都没有先例。”陆建新介绍，后来他们还采用了钢丝绳吊挂拆卸支承架的方法，让 4 台塔吊一直能正常吊装，大大提高了施工效率。据测算，创新施工技术后，整个工期缩短了三个多月，塔吊费用节省了 7680 万元。

“这种塔吊的爬升，就好像一个 450 吨的‘钢铁巨人’在高空‘攀岩’。尽管创新的过程让我痛苦，但结果让我惊喜，科技创新在经济创效方面很有成效。”陆建新说。

20 天火速建成深圳版“小汤山医院”

2020 年年初，为抗击新冠肺炎疫情，陆建新和同事们仅用 20 天的时间，在深圳市第三人民医院旁边的一片荒坡地上，火速建成了一个现代化、高水平的应急院区，可提供 1000 张床位，其中负压床位 984 张，ICU 床位 16 张。

“我在深圳版‘小汤山医院’这个项目负责施工技术，我们综合运用了装配式建筑、智能制造、5G通信系统等科技手段，工程进展很顺利，其间没有一人感染新冠肺炎。”陆建新说。

陆建新告诉记者，应急院区项目的工期只有20天，非常短，必须要采用装配式建筑才能如期完成。尽管他们最擅长的是修建超高层钢结构建筑，但近几年他们也研究了两种装配式建筑体系，所以对箱式装配式建筑施工心中有底。

“我们除了研究装配式建筑之外，也在立体车库、城市绿道等方面进行探索。我们的工作重心和工作优势并非仅仅体现在高楼修建上，我们也一直在进行技术创新、转型升级，干一些更具科技含量的新业务，修建基础设施、民生工程，让老百姓的需求得到更好满足，生活品质得到进一步提高。”陆建新说。

秉承钢的强度，以铮铮铁骨，立于天地之间；秉承钢的塑性，以仁爱之心，撑起广阔绿荫。如今，56岁的陆建新在创新探索之时，依然经常会到建筑工地上转转，帮助工人们解决一些技术难题，在施工一线发挥自己的长处、散发光和热。

【短评】

专注认真刻在骨子里

变化的是时代，不变的是初心。从18岁开始，陆建新始终践行着工匠精神，坚守施工一线38年，专注、认真、创新、敬业，修建了一幢又一幢超高层钢结构建筑，攻克一个又一个技术难关，不断刷新着纪录，让梦想照进现实。一位全国道德模范，犹如一盏闪耀的明灯，激励、引导着一批又一批年轻人矢志报国、奋斗奉献。

专注认真，要刻在骨子里。1994 年，陆建新参与建设深圳地王大厦项目的时候，负责测量的他要爬到两三百米的高空，在 20 厘米宽、十几米长的钢梁上走来走去。有时钢梁晃得实在太厉害，他就蹲下来、骑在钢梁上。时间久了，手心里全是汗，脚就像八爪鱼一样卷曲着，小腿也会一直绷紧。虽然很危险、很辛苦，但陆建新从未想过“不干了”，第二天依然会精神饱满地投入到工作中。

创新探索，始终不可松懈。尽管在创新的道路上，陆建新遇到过太多的困难坎坷，有时会焦急到无法入睡，但他坚决不放弃，始终耐得住寂寞、挡得住冷嘲热讽、抵得住繁华诱惑，创造了一项项技术成果，留给年轻一代的建筑工程师们一笔笔精神财富，为我国建筑事业奉献着自己的力量。

正是因为专注、认真、创新、敬业，陆建新才能够与深圳国贸大厦、深圳地王大厦、深圳平安金融中心等地标性建筑结缘，见证了深圳城市面貌发生巨大变化的全过程，见证了我国超高层建筑从无到有，再到国际领先的全过程。

陆建新就是这样一位全国道德模范，他用汗水与智慧、责任与担当，建造一幢幢摩天大楼的“钢筋铁骨”，展现出热爱祖国、奉献人民的家国情怀，自强不息、砥砺前行的奋斗精神，积极进取、崇德向善的高尚情操。他将个人命运和民族兴亡紧紧相连，在民族复兴的伟业中成就人生，在实现自我中造福大众，像金子一样闪闪发光，让模范的精神光耀中华，让美德的种子撒满大地。

这是属于奋斗者的时代。新的征程呼唤更多来自各行各业的道德模范，散发出属于他们的万丈光芒，书写出更新更美的时代篇章，为社会主义现代化强国建设提供强大支撑，为我们伟大的祖国和人民创造更多的宝贵财富。

（刘坤）

不下“战场”的老兵

——记第七届全国道德模范、湖北省军区武汉第二离职干部休养所离休干部马旭

“哪里需要就哪里安家，哪里最苦就到哪里去，这是共产党员应该做的事。”

扫码观看马旭专题片

从沦陷区一名“拾穗者”到新中国第一代女空降兵，从拥有多项发明专利的“科研老兵”到离休后为病人义诊的大夫，从带一个铜板随军远征到捐资千万元回报家乡……

岁月峥嵘，初心不改。全国道德模范马旭已年过八旬，在时代的洪流中，在革命的队伍里，她找到了人生方向，更找到了家和国。她说：“没有祖国，就没有家乡，更没有自己。自己的一切都是中国共产党给的，自己这一辈子就是要跟党走，一辈子回报党的恩情。”

在距离武汉数千里之外的黑龙江木兰县松花江北岸，马旭文博艺术中心正在进行室内布展和室外景观建设施工。这里正是马旭夫妇千万元捐款所修建的场馆之一。马旭说，如果可能，自己会在场馆里给家乡的孩子们讲讲历史，讲讲小时候的故事。要让孩子们知道，没有国，哪里有家。

从沦陷区“拾穗者”到新中国第一代女空降兵

——在部队找到人生方向

“我的家在东北松花江上，那里有森林煤矿，还有那满山遍野的大豆高粱……”

1931 年“九一八”事变爆发后，东北相继沦陷。1933 年出生在黑龙江省木兰县松花江畔的马旭，对日伪时期的童年生活记忆犹新。

那时候，侵略者敲骨吸髓般地压榨中国人。乡亲们种大米却没有大米吃，纺织的棉布也被日本人收走。侵略者穿得很光鲜，乡亲们只能穿用破棉絮和破衣服纺出来的“更生布”。孩子在学校学的是日语，连回家喊爸妈都被要求用日语。

马旭的父亲过世早，只有她和弟弟、母亲三人相依为命，靠着母亲说大鼓书换回一点吃的，日子过得十分清苦。秋收时，母亲和她就像《拾穗者》那幅油画上那样，经常去田地里捡拾别人收割后可能剩下的粮食颗粒。

“解放区的天，是晴朗的天，解放区的人民好喜欢……”1946 年 2 月，木兰县迎来解放，建立了人民政府。乡亲们感慨，这么多年，可算见着天日了。

为了保卫革命成果，不少乡亲参加了解放军。“领导像父母一样和蔼，同志像兄弟姐妹一样亲热，还能上大学……”在乡亲们的感召下，不到 15 岁的马旭告别家人，光荣加入了解放军，成为一名医务人员。此后，她跟随部队南征北战、救死扶伤。新中国成立后，她进

时年 86 岁的第 98 名火炬手马旭（右）和爱人在第七届世界军人运动会火炬传递中（新华社发）

入军医大学学习进修，后来分配到原武汉军区总医院。因为医术精湛，被誉为科室的“一把刀”。

1961 年，中国人民解放军第 15 军改编为空降兵军。军医马旭主动申请到空降部队，参加跳伞训练的卫勤保障。

“我必须跟部队一样，他们会跳伞，我也要会跳伞，这样我才能够发挥军医的作用。如果我们当军医的跟着他们，他们心里边就会有底：我受伤也不要紧，有医生跟着我呢。”马旭打定主意。

可是根据跳伞训练大纲，身高一米五几、体重不到 35 公斤的马旭不达标。有一次她想上训练台，结果刚爬了两格就被教员给拉了下来。马旭多次向组织阐述自己作为军医跳伞的必要性，仍无济于事。

于是，在士兵们训练时，她就“偷学”动作要领。为了提升训练效果，马旭在自己的单间宿舍挖出了一个长两米、宽一米、深一米的大坑，再填上沙土，两张桌子摞起来就是跳台，建了一个模拟沙坑。马旭每天练习跳，跳 500 次。有时没达到标准，睡醒觉了以后又爬起来跳，必须达到 500 次。

有志者事竟成。在一次跳伞考核中，偷偷练了半年的马旭又找首长请求参加考核。首长磨不过：“你必须比大多数人跳得好，才可以参加真正的空降；要是不行，你就不要再提了。”

三次落地，每次都稳稳当当。漂亮的动作赢得了在场战士雷鸣般的掌声。从此，马旭便和部队一起参加跳伞训练。

“在无际的天空里，我觉得我好自豪啊！”马旭至今记得 1962 年第一次参加跳伞的情景。

几年之后，马旭被批准为“试风跳”小组成员，乘飞机跳伞着陆，等待后续部队。

“没有国就没有家，更别说个人前途和命运。”马旭感叹，如果不参加解放军，自己后来的命运可能只有两种，一是当童养媳，二是因为缺吃少穿很早就不在了。

从“科研老兵”到义诊大夫

——不能白吃国家饭

在巍巍高山之上，在茫茫水域之上，在熙熙攘攘的城市之上……马旭和战友都曾在澄澈的空中开伞，锤炼敢打善赢的能力。

“作为军医，我必须和战士们在一起，跳下去之后有伤员第一时间要处理，没有医生，谁给他们治疗？战士们是拿枪打敌人，我们是背着药箱救伤员，这只是分工不同，部队到哪里，我们有责任跟到哪里。”马旭说。

因为空降兵跳伞的“黄金期”比较短，为了能够为空降兵指战员们服务更长时间，马旭和爱人颜学庸没有要小孩。

因为马旭，同为军医的爱人颜学庸也学会了跳伞。他们在跳伞中发现，常有伞兵因落地不稳而脚踝受伤，严重时会直接造成战斗减员。

如何避免伞兵着陆时受伤？马旭、颜学庸两人开始查找文献资料，到部队调查研究。他们发现，苏联用绷带，但是缠上以后解下来比较麻烦；美国使用的松紧式护踝，但是使用几次以后容易松，不耐用。

受战士们打球启发，马旭夫妇不断调整设计，终于发明了充气护踝。使用时，套在脚踝上，充气以后就像皮球一样，可以缓冲。落地

马旭（右）夫妇近照（袁洪涛摄）

之后，把气放掉，不影响动作。

为了检验样品的有效性，马旭夫妇就自己戴着护具跳伞。试验了20多次，效果不错。后来，充气护踝品在部队成功推广使用，使跳伞着陆时冲击力减半，扭伤情况接近于零。1989年7月19日，“充气护踝品”获批国家专利。

1988年，马旭夫妇离退休。然而，他们并没有真正闲下来。

“科研就是我的生命。”马旭说，夫妻两人依旧紧盯部队需求，开展科研攻关。两人又先后申请“单兵高原供氧背心”“抗肿瘤药丸”等3项国家专利。他们还在各类报纸杂志发表了100多篇学术论文和体会文章，其中，《空降兵生理病理学》和《空降兵体能心理训练依据》等填补了当时相关领域的空白。

因为科研成果丰硕，1997年，空降兵某军政治部授予马旭和颜学庸“科研老兵”称号。

马旭说：“不能搞科研，我就像掉进井里，就像挨饿一样。我就想搞科研，不能白吃国家饭。”

离退休后的马旭夫妇，不但继续搞科研攻关，也为病人义诊。他们不但治疗别人身体上的病痛，也祛除有些人的悲观消极思想。

尽管安排有离退休住所，但马旭夫妇自愿选择居住在木兰山下的一个农家小院里，一住就是几十年，就是怕搬家了病人找不到他们。

“哪里需要就哪里安家，哪里最苦就到哪里去，这是共产党员应该做的事。”在马旭看来，只要能帮助战士和病人远离病痛，无论多苦多累都是值得的。

从一个铜板的路费到千万巨资的捐款

——不能忘了黑土地上的家乡父老

2018 年 9 月，马旭、颜学庸夫妇决定将毕生积蓄 1000 万元捐赠给木兰县，用于发展家乡的教育事业。

人们被这对老人的节俭和慷慨深深折服。

马旭夫妇是节俭的。吃的多是红薯、稀饭、面条；穿的多是部队发的军装，一双 15 元的鞋，鞋面磨损、鞋底脱胶，马旭还要洗洗晒晒用胶水粘了再穿；用的是一部老人手机，两人合着用，一辆自行车，骑了十几年……

马旭夫妇是慷慨的。1000 万元，两人一辈子的积蓄，说捐就捐；分两次转账到黑龙江木兰县，用于家乡的教育公益事业。

木兰县教育局负责人介绍，迄今为止，这 1000 万元是木兰县接收的个人单笔捐款最大数额。

“有人觉得我们日子过得苦，有人觉得我们对自己太抠门，但我觉得拥有知识就是拥有财富。买书我舍得，只要有好书我就会想办法买到，多少钱我也买。我把我毕生积蓄都回馈给当年送我参军的故乡。不为别的，就是希望更多人能获得知识的力量。”马旭说。

贫苦出身，在部队学习知识，做发明创造，年近八旬还要报考研究生……马旭深知，知识就是力量。夫妻俩把一辈子的积蓄捐给马旭家乡的穷孩子们，就是希望他们受到良好教育，用知识创造财富、改变命运。

垒土成山，涓滴成海。马旭夫妇的这 1000 万元，要从一个铜板说起。

数十年前，在马旭从军出发前夕，母亲将一个铜钱缝进了她的口袋，这就是她当时出门的盘缠。睹物思人，征战的那些年，马旭舍不得花掉那枚铜板。几年后，马旭头一次拿到工资，便把 20 元钱和那枚铜板兑换成的人民币，一起存进银行。那时的她，已经决定为家乡做点什么。

节衣缩食，加上专利收入，以及原本准备开诊所未果而存下的卖房款……在岁月的积淀下，夫妻俩攒了千万元。马旭在内心时时提醒自己：我不能穿得花红柳绿，吃着山珍海味。我翻身不忘本，我不能忘记家乡的父老乡亲们。

2017 年，几经辗转，她和家乡的教育局联系上了，并表达了捐款意向。于是有了一对八旬老人捐款千万的善举。

曾有不少人问他们，本可以享受更好的生活，为什么选择“苦行僧”式的生活方式？

“和那些牺牲在战场上的战友相比，自己能活着就已无比幸福。”马旭回答说，她觉得一个人自私自利，总是追求自己的物质生活是狭隘的。一个人为公，想着党想着国家想着人民，这个路子就会越走越宽。“你只要心里想着党和国家，就会点燃你心中的灯塔，照亮你前进的道路。”

萤火微光，微光成炬。马旭说：“一个人能力有大小，能力大的，就贡献多点；能力小的，就贡献少点。总是要想着国家、想着人民。”

在老伴颜学庸眼里，马旭就是一个不下“战场”的老兵，小个子大英雄。

［短评］

在祖国需要的地方发光发热

“哪里需要就哪里安家，哪里最苦就到哪里去，这是共产党员应该做的事。”这是马旭坚守的信条。

战争年代，她奔赴前线，直面血与火。在炮火纷飞的解放战争时期，14 岁的马旭挥别母亲和弟弟，加入解放军队伍，成为一名医务人员，投身浩浩荡荡的革命洪流，为全中国解放南征北战、浴血奋斗。

和平年代，她钻研创造，为战友安全保驾护航。“战友们伞降到哪儿，我就保障到哪儿。”战友跳伞，作为军医的马旭也要跳伞，她刻苦训练、坚持不懈，最终蝶变为“试风跳”小组成员。战友跳伞，她还想让自己的科研成果为他们降低风险。充气护踝、单兵高原供氧背心……从地面到空中，她都想竭尽所能保护战友安全。

“老了也要追梦，哪怕萤火之光，也要做个有用的人。”离退休后，马旭夫妇悬壶济世，常年为贫困百姓义诊，还把毕生积蓄捐赠给家乡，把千万巨资化作阳光雨露，滋养故乡的莘莘学子，鼓励他们学好知识，贡献乡里，报效国家。

正如马旭所说：“人的一生是有限的，而为祖国奉献是无限的。”征途漫漫，唯有奋斗。奋斗在祖国需要的地方，哪怕是发出萤火微光，都可以让人生熠熠生辉。

（夏静　张锐）

“人生要发‘一点光’”

——记第七届全国道德模范、河北省沧州市公安局高新区分局政委王红心

“通过自己的帮助，照亮他人的生活，无论付出多少都是值得的”。

扫码观看王红心专题片

近日，家住河北省沧州市高新技术产业开发区的张琴（化名）向王红心报告了一个喜讯：她家的土地纠纷终于解决了。

张琴共有7个兄弟姐妹，土地纠纷持续了两个多月，闹得厉害时家人动了斧子。王红心和志愿者先后上门9次，参与调解的志愿者44人次，累计做工作20多个小时，终使一家人握手言和。

这些热心的志愿者，都是“红心志愿服务协会矛盾纠纷化解群”成员，其中有5名心理咨询师，其余全是律师，具备很高的专业水平。

王红心是全国道德模范、沧州市公安局高新区分局政委。连同“矛盾纠纷化解群”，王红心和她的志愿者团队以“红心志愿服务协会”为主体，先后启动“守护童年”红心警务站、“沧州红心婚姻家庭公益维权家园”等12个专业化志愿服务平台，凝聚起各行各业志愿者3000余人，成为弘扬法律正义的一面旗帜。

一个“勤务兵”

王红心首先是个警察，人民警察。

她当政委后，工作更忙了，事儿更多了，可没有一点“领导”的样子，村里老太太拿她当闺女，姑娘小伙子把她当大姐。

王红心喜欢这些“角色”，她的愿望是当好“勤务兵”，“群众有难事儿，希望我都能帮上一把”。

王红心不是闲得没事做，公安工作任务多、责任重，她的志愿服务全部在业余时间或节假日做，有时下了班比上班还忙。但她始终相信：“人的‘爱’是与生俱来的，在一起就要相互温暖。”

她自小喜欢读书，读得多了，一种与人为善、乐于助人的品格就积淀在心里。上小学时，第一次学唱"学习雷锋好榜样"，唱得眼泪汪汪。课后她就组织了"学雷锋小组"，五六个小朋友时常排着队去火车站做好事。上初中时，哪位同学忘了带文具，都愿意找王红心借，准能借着，王红心离家近，手上没有就下课跑回家去拿。上高中时，同桌身上起了小疙瘩，王红心举手带同学去看医生，她在家里排行老大，弟弟妹妹看病都是她带。上了警校，她周末时常帮校园旁的农民种菜，常常弄得一身汗、两脚泥……

1990 年，王红心来到河北省石家庄市裕华路派出所实习。当时派出所接连破获了两起少年盗窃案。其中一个少年父母离异，他宁愿留在派出所，也不愿回家。王红心下了班就跟少年聊天，讲法律，讲成长，讲人生价值，顺便照顾他的生活。实习结束时，少年拉着王红心的衣服说:"阿姨，我想跟你回家。"少年胆怯而渴望的眼神，让王红心感到心疼，她那时就想，这辈子一定要为孩子们，为需要帮助的人做点事。

一位"播火者"

王红心现在是个"老公安"，在公安系统的预审、宣传、优抚、共青团等十多个岗位上工作过，对群众需求体会深刻。

"人民公安为人民"，在王红心看来不单是一句口号。在多年从事志愿服务基础上，2010 年 9 月，她发起成立"红心志愿服务队"，把更多人聚在一起，共同为老百姓做事。

在王红心带领下，"红心志愿服务队"先后组织开展了慰问孤残儿童、贫困母亲和公安英烈母亲活动，开展了“关爱农民工子女、留守儿童”系列活动，捐建“爱心书屋”等，把温暖传递给弱势群体和需要帮助的人。

2010 年冬天，志愿服务队在走访看望贫困学生过程中，发现沧州市孟村回族自治县的小学一年级学生小刚和弟弟小强双手有残疾，指间有蹼，需手术治疗。

这对小兄弟家境困难，父亲已不幸去世，母亲患有精神疾病，仅靠 13 岁的姐姐打零工和亲戚资助维持生活。王红心把 3 个孩子搂在怀里流下了眼泪。她四处奔波，联系医院为两个孩子分别进行了手术。孩子住院期间，王红心给他们买衣服，每天去送饭，与他们建立了深厚感情。孩子出院后，王红心又联系了沧州市南湖学校接收兄弟俩，免费供他们读到小学毕业；沧州培英旅游职业技术学校也愿意接收姐姐，免费供她读完初中和中专课程；华北石油精神康复医院愿意

王红心（右一）在走访慰问困难群众（河北省沧州市公安局高新区分局提供）

为他们的母亲进行治疗，减免医疗费。

那天王红心带领志愿者到村子里去接兄弟俩到沧州上学时，3个孩子看到她，手牵着手跑过来，喊着“妈妈”扑向王红心，差点把她撞倒。那个时刻，王红心眼中涌满幸福的泪水。

爱，像星火燎原。以“奉献爱心　播种希望”为主题的“红心志愿服务队”，很快成为爱心志愿者聚集的家园。自服务队成立以来，王红心带领大家每月至少两次走访慰问贫困家庭，累计开展助残、义诊、助学等活动700余次，行程10万多公里，捐助款项达200余万元，服务群众30余万人次。2014年经民政部门注册为“沧州红心志愿服务协会”后，该组织又先后启动“守护童年”红心警务站、“红心婚姻家庭公益维权家园”等10个专业化志愿服务平台，推动志愿服务向制度化、专业化、项目化发展。继而，由受助人员组建的“失独家庭互助会”等爱心组织次第花开，温暖了这座城市。

一名“调研员”

在王红心的文件柜里，放着十几本厚厚的“剪贴本”，有探讨预防青少年违法犯罪的，有关注生命教育的，有聚焦中小学生心理健康教育的……这上面承载着她对失足青少年帮教的思索和心得。

青少年是祖国的未来，也是千千万万个家庭的希望。实习时那名失足少年的眼神，一直映现在王红心的心里。她将帮教失足青少年，当作终身任务。

一名13岁的重犯，曾是令全村骄傲的少年，谁都想不到他会做出惊天大案。王红心一次次赶到河北保定未成年犯管教所，对这名少年进行帮教，摸清他的犯罪根源，解开他的心结。孩子过生日，王红心为他订了双层蛋糕，一次次爱的温暖，终于使一颗冰冻的心在泪水中获得新生。

因为帮教有效，这名被处收容教养3年的少年，提前220天走出未管所。回来后，王红心为少年联系了技能培训学校，选了酒店管理专业，让他学会了一技之长。毕业后，少年到北京一家酒店实习，因表现优异，又被上海一家酒店聘用，逐渐成长为部门主管，在上海谈了女友，已准备成家立业了。

通过王红心耐心、真心、细心地帮教，200多名失足青少年重拾生活信心、找回人生方向。她被多所学校聘为校外辅导员，先后300余次走进学校为学生们进行法制安全教育、励志感恩教育等，帮助学生们扣好人生第一粒纽扣。

她调查了大量青少年犯罪案例，了解他们的家庭状况、受教育程度、成长经历、犯罪根源等，写成《这些孩子怎么了?》《鲜花为什么凋谢?》等10余篇论文，在专业学刊发表，助力全社会关注青少年健康成长。

一位“帮大姐”

王红心有很多“亲戚”，比如家住沧州市献县的王娟（化名），因丈夫入狱，女儿上学，自己又突发脑梗导致偏瘫，生活一度陷入绝境。

王红心得知后，带着13名志愿者捐赠的3700元来到王娟病床前。从那天起，素不相识的两人结成了“一家子”。王红心明白，除了病

▶ 王红心（左一）到群众家里走访（河北省沧州市公安局高新区分局提供）

痛，更让王娟感觉沉重的是思想压力。她来到狱中见到王娟的丈夫并做了帮教工作。之后，王娟的丈夫因表现良好，获得了减刑，2020年9月出狱了。她的女儿也变成了红心的“女儿”，经过帮助，小姑娘思想稳定下来，生活上也有了照应，学业没有耽误。这下，王娟卸掉了思想包袱，积极配合治疗，身体恢复得很快，现在胳膊能抬，腿也能走了，她对王红心满怀感激。

王红心在播撒爱心的同时，在很多受到帮助的家庭中，她也被当作家人，被惦念着、牵挂着。王红心觉得，这是她所得到的最大回报。

身在公安部门，王红心感觉除了生活上遇到的难题，让群众时常闹心的还有各类矛盾纠纷。这些矛盾纠纷，通常涉及个体切身利益，调解起来难度很大，而一旦形成冲突，就可能对群众生命财产带来损害。作为“老公安”，王红心想出了好办法。

在“沧州红心志愿服务协会”中，有着各行各业的能手，其中有知名律师，也有心理咨询师，王红心把他们联合起来，成立了一个高水平的“矛盾纠纷化解群”，她自己变成为群众“家长里短”往来奔波的“帮大姐”。

沧州高新区的王玲（化名）老人年过九旬，她的6个子女因为一些往日矛盾，在赡养母亲的问题上起了纠纷。女儿们想去看望母亲，大哥不让见，结果越吵越凶，打了多少回报警电话，民警上门做工作也很难见成效。

王红心和“矛盾纠纷化解群”志愿者们10天上门3次，除了日常调解之外，还利用“家庭系统排列”等心理学专业方法找到背后的问题根源，通过“对症施治”，慢慢解开一家人的心结。王红心趁热打铁，和志愿者一起买了菜、带着肉，跟随女儿们来到大哥家，热热闹闹地给老人做饭，陪家人聊天，吃顿热热乎乎的“团圆饭”，唤回了血浓于水的亲情。

用一颗“红心”，为身处困境的人们送去温暖和希望。渐渐地，王红心的事迹传开了，在沧州、河北乃至更大范围传播开来。湖南长沙市岳麓区民政干部吉付林，2019年先后建起“全国道德模范王红心榜样群”“红心志愿者骨干团队交流群”“青少年健康成长交流群”等志愿服务组织，弘扬“红心”志愿服务精神。在山西、江西、陕西、新疆等地，类似志愿服务组织也相继建立，发挥着“播红心、撒爱心、暖民心”的作用。

王红心是快乐的，她忙碌着，每天“发一点光，照一段路”，也收获着，留下一路闪光的足印。王红心先后荣获全国道德模范、全国最美志愿者、全国优秀人民警察、全国三八红旗手标兵等荣誉称号，先后荣立个人二等功4次。

【短评】

用大爱诠释崇高

用心去帮助人，用爱去感化人。30年来，王红心把人间大爱播撒给社会，如阳光般温暖了有需要的人。

她先后帮教失足青少年200多名，救助贫困学生500多人；她还担任多所学校的校外辅导员，300多次走进学校，作法制安全、爱国励志等方面的报告。她为流浪青年找工作，帮孤寡老人办户口，给贫困母亲筹钱治病……她帮助过多少家庭，做过多少好事，已难以说清。

时代在变，王红心的初心却从未改变，那就是用人间大爱温暖更多的人。在她的发起带动下，成立10年的"沧州红心志愿服务协会"如今已拥有3000多名志愿者和10多个志愿服务平台与项目。受王红心的影响，在湖南、山西、江西、新疆等多地相继成立了多个弘扬"红心"志愿服务精神的志愿服务组织，这颗"红心"所发出的光芒正照进越来越多人的心中。

在王红心看来，奉献是一种幸福，"通过自己的帮助，照亮他人的生活，无论付出多少都是值得的。"王红心和志愿者们真诚地面对帮扶对象的问题，将心比心，真心地帮助他们解决实际困难，用真情换取群众信任，以警心换民心。

一位道德模范就是一面旗帜。王红心所做的一切，是一位人民警察、一位共产党员对自己使命的担当，是对真善美的坚守，更是对人民的挚爱。人民警察的职业精神、共产党员的先进性和中华传统文化的优秀基因在王红心身上交相辉映。时代进步需要崇高精神引领，社会发展需要携手互助向前。王红心努力用自己的爱心、奉献和忠诚为推动社会发展进步作出自己的贡献。

（耿建扩　陈元秋　哈聪杰）

耄耋老人　初心不改

——记第七届全国道德模范、江西省萍乡市莲花县六市乡太沙村村民 王振美

“我已经 90 岁了，能为党做事的时间也不多了，但我想入党的初心不仅没变，还越来越强烈。所以，我再次提出入党申请，愿为共产主义事业发挥余热。”

扫码观看王振美专题片

10 月 18 日，江西省萍乡市人民医院的一间病房内，一位年迈的老人静静地躺在病床上。病房一角摆放着一束束盛放的鲜花，这是探视的人们带着祈望老人早日康复的祝愿和敬意送来的。前不久，老人因突发脑梗住进了医院。每逢探视时间，前来看望他的人络绎不绝，有干部，有群众，其中有许多受到过他帮助的乡亲们。

这位耄耋老人，是全国道德模范、萍乡市莲花县六市乡太沙村村民王振美。1925 年出生的王振美，经历过幼时的贫困和年少求学时的艰辛坎坷。他 1965 年身患重病，在众人帮助下“起死回生”之后，立下誓言感恩奋进、回报社会。他矢志不渝跟党走，2017 年终于成为一名正式的中国共产党党员。

他 60 多年来初心不改、助人为乐、扶贫济困、报效乡梓，于 92 岁高龄时毅然捐出自己积攒的 50 万元积蓄，设立“振美教育基金”，助力家乡脱贫攻坚和教育事业。“住院这些天里，父亲意识清醒的时候，还在交代我要办好教育基金的事情。”守护在病床前的王振美小儿子王明太说。

历经坎坷不忘本

莲花县六市乡太沙村地处罗霄山脉，位置偏僻、经济落后，但是风景秀美、民风淳朴。王振美家中四兄妹，大哥当年跟着红军走后杳无音讯，父亲在新中国成立前离世，母亲带着儿女节衣缩食，艰苦度日，从小告诫子女做人一定要吃苦耐劳、忠厚本分。

出身贫寒的王振美有过艰难的求学经历。“小时候家里穷，供我读完小学都很吃力，想上中学、考大学，根本不要谈。”他曾经感慨。

辍学后，他在家乡太沙村务过农，20 世纪五六十年代先后在太沙小学和坊搂小学当过老师，在莲花县政府担任过会计等职。

1965 年，王振美患上了一种名为钩端螺旋体病的急性传染病，危及生命，急需救治。高昂的医疗费让这个贫寒家庭束手无策。就在王振美濒临绝望之时，是乡亲们将他抬进医院，你 5 元、我 10 元，东拼西凑了 1000 多元给他治病买药。在 20 世纪 60 年代，这不是个小数目。当地党委和政府对他的治疗也及时给予了关心和帮助。

“我的命是党和政府救回来的，是乡亲们救回来的，我只想报恩，尽自己最大努力回报家乡，回报社会。”捡回了一条命的王振美，心里对党和人民充满感激。

王振美与孩子们在一起做活动（江西省萍乡市莲花县提供）

扶贫济困数十载

1968 年，太沙村里一条必经之路上的一座桥塌了。村里开会时，王振美提议建一座石拱桥，经久耐用。但当时建桥缺乏物资且工程量大，有些村民不看好。王振美顶住了压力，带头从河里挑砂石，并发动全村所有劳动力每人分摊 100 块砖头，经过一个多月的辛苦建设，石拱桥终于建成，至今仍在使用。

改革开放后，王振美家里经济情况好转，开始有点积蓄。在手头宽裕之后，他长期酝酿的报恩之愿也被重新唤醒："自己的命是乡亲们给的。我能有今天的好日子，是因为有党的好政策。当有能力回报社会时，一定要站出来。"

王振美说到做到。几十年来，扶贫济困、捐资助学、新农村建设……家乡的各项公益事业中，都有王振美慷慨捐助的身影。

2006 年，家境困难的太沙村村民王水清突发脑溢血送医院抢救，王振美主动捐助 7800 余元；2012 年，山背村村民吴国英被诊断为双肾衰竭，急需做换肾手术，王振美得知后慷慨解囊捐款 1 万元；2014 年，六市乡政府牵头成立"奖扶助学教育基金会"，他带头捐资 1 万元；同年六市乡政府开展"结对帮扶"活动，王振美第一个响应号召，主动帮扶太沙村贫困户郭梅昌，他出资 3500 元购买了一头牛，并将 3000 元钱送上门去，帮助郭梅昌脱贫；太沙村办幼儿园，王振美捐资 5000 多元；2018 年、2019 年，他先后为突患肾衰竭的六市中学学生张嘉璐捐资 11200 元、为患白血病的六市村民王国旺捐助 1 万元……这样的事例，不胜枚举。

"扶贫必先扶智，只有教育才能从根源上改变贫困落后的面貌，要用知识和技能斩断穷根。”王振美深谙山区家庭孩子想走出去、想上大学的渴望，当他了解到六市乡有很多成绩优秀的孩子家庭贫困，心中便有一个愿望——要倾尽所能帮助贫困学子完成学业。

2017年，王振美作出了一个惊人的决定，拿出自己50万元的积蓄，设立“振美教育基金”。如何让基金会顺利落地，尤其是得到亲人的理解，让老人颇费一番周折。老人的女儿王凤娇身患重疾，断断续续治了10年。家里并不宽裕，女儿长期患病，父亲还要拿出这么多钱去帮助别人，老人的女儿开始有些不解。

“我生病时是党和好心人救了我的命。我现在有点积蓄，要回报社会，你们都有手有脚，可以养活自己。”王振美召开家庭会议，做思想工作，获得了家人的理解和支持。“振美教育基金”也在老人的坚持下成立了。

截至目前，“振美教育基金”已奖励资助优秀师生和贫困家庭学生近300人次，累计发放奖励资助金近8万元。

矢志不渝跟党走

王振美有一个深埋在心中几十年的梦想，那就是能够在有生之年成为一名共产党员。1953年，他第一次向党组织递交入党申请书，可当时由于家庭出身的原因，他的入党申请书石沉大海。

多年来，王振美一直把返乡务农的“莲花老乡”甘祖昌将军和其夫人龚全珍当作榜样。看到全国道德模范、全国优秀共产党员龚全珍90多岁依然坚持帮扶贫困学子，他心中热血沸腾，深埋心底的入党梦再一次被点燃。

王振美学习《习近平关于“不忘初心、牢记使命”重要论述选编》（江西省萍乡市莲花县提供）

2015 年，王振美再次郑重地向党组织递交申请书。至于为什么要入党，老人的想法很简单：“我已经 90 岁了，能为党做事的时间也不多了，但我想入党的初心不仅没变，还越来越强烈。所以，我再次提出入党申请，愿为共产主义事业发挥余热。”

2016 年 4 月 19 日，王振美被批准为中国共产党预备党员。这天，他乘车 100 多公里前往井冈山革命烈士陵园，在旁人的搀扶下拾级而上。上了 109 级台阶后，老人终于站在了井冈山烈士纪念碑前，面对鲜艳的党旗，举起右手，庄严宣誓：“我志愿加入中国共产党，拥护党的纲领，遵守党的章程，履行党员义务……”

2017 年 4 月 18 日，王振美正式成为一名光荣的中国共产党党员。当时他说：“这圆了我的一个梦。我从旧社会到新社会，经历改革开放到现在，一直坚信跟党走这条路是正确的。”

王振美的事迹，感动了广大群众，赢得了社会认可。2018 年他荣获“全国脱贫攻坚奉献奖”，荣登“中国好人榜”，2019 年他又获评全国道德模范。

10 月 19 日，在莲花县六市乡王振美简朴的家中，他的大儿子王清太、二儿子王元太向我们展示了一个他平日视若生命的袋子。里面装着的一份份红色的荣誉证书，摞起来足有一尺多高。

王振美家厅堂的墙上，悬挂着一块 2015 年他 90 岁大寿时，村民们送给他的贺寿牌匾，上面题着词牌为《满江红》的祝寿词。“……鬓如霜，性未改。一颗赤诚心，犹刚亦柔。不畏尘世风和雨，何求人生尊与贵?”这是“街坊晚生”杨继恩、张保善联合为王振美而写下的词句，也正是王振美平凡而伟大一生的写照。

【短评】

生命的温度与力量

王振美是一位平凡的老人。但作为一位走过了 90 多个春秋的老人，一位经历了新旧两个社会的老人，一位人生道路充满着坎坷和曲折的老人，他有着感动人心的事迹和善良坚忍的品格。

“我的命是党和政府救回来的，是乡亲们救回来的，我只想报恩，尽自己最大的努力回报家乡，回报社会。”即便已至耄耋之年，王振美仍在竭尽全力践行着当年的誓言。

在王振美身上，我们能够深深地感受到生命的温度与力量。

这种生命的温度，在于向善的精神。尝遍生活酸甜苦辣的王振美，日常省吃俭用，却将一生积蓄，助人圆梦。他说好心人帮过他，他也要做好心人，有一分热，发一分光。他用他的执着，诠释了爱的真谛，把温暖向人间传递。

这种生命的力量，在于向上的精神。历尽世间沧桑变迁的王振美，将人生全部的体验归结为鞠躬尽瘁为人民的理想信念，并深植内心，“随时准备为党和人民牺牲一切”成为他一生的不懈追求和奋斗前行的不竭动力。

向善向上的精神，是一个国家、一个民族砥砺前行、追梦圆梦的磅礴动力。我们需要千千万万个像王振美这样的人，让社会更加温暖，让国家和人民更加有力量。

（胡晓军　龚婷）

心手相牵走上脱贫致富路

——记第七届全国道德模范、新疆生产建设兵团第一师十三团十一连两委委员尤良英

“我的愿望就是：脱贫路上不落下一个人。”

扫码观看尤良英专题片

挂满红枣的枣林，吐满白絮的棉田，金灿灿的稻田，还有红彤彤的苹果园……走在秋日的新疆生产建设兵团第一师13团大地上，丰收的喜悦溢满心头。

来到全国道德模范、11连职工尤良英的家，小院门前，挂着一块崭新的牌子——阿拉尔市万农果品种植农民专业合作社联合社。尤良英说："这是今年才成立的联合社，除第一师的3个合作社外，兵团第三师还有一个合作社也加入我们了。所以现在我负责4个合作社，你说我忙不忙？"

"心在一起就能攻克更大的困难"

尤良英与麦麦提图如普·穆萨克跨越十多年的姐弟情谊，早已家喻户晓。在她家的小院里，十几块展板上，都是她俩在一起的照片和故事。

2005年，新疆皮山县农民麦麦提图如普·穆萨克夫妇与尤良英相识。此后，尤良英十几年如一日帮助这个困难家庭，不仅先后借出20余万元帮助他们渡过难关、发展生产，而且曾10多次跨越塔克拉玛干沙漠去往皮山县，手把手教他们种植技术，引导麦麦提图如普·穆萨克一家走上勤劳致富路，成为当地致富带头人。

说起自己与少数民族同胞的感情，尤良英说："我能被人们熟识，就是因为我和弟弟10多年的情谊，这是责任，更是义务，所以我走到哪儿，都要把民族团结的故事讲到哪儿。民族团结是我们每一个人都可以做到，并且都能做好的事。"

从帮助麦麦提图如普·穆萨克，到如今帮助更多的少数民族兄弟姐妹，尤良英始终把做好民族团结的事放在心上。每年春天，她都会

尤良英在直播带货（光明图片）

趁着基层调研的机会，带动当地贫困家庭劳动力实现转移就业。

2017 年春天，尤良英通过在和田地区一些乡镇调研，最终带着 74 名贫困家庭的少数民族同胞回到第一师 13 团 11 连务工。当时正赶上合作社社员家里忙着春耕，需要劳动力，很快这些人就被社员“抢”回家了。

但没想到，由于语言不通，这些务工人员交流不畅。更主要的是，因为他们是第一次出来务工，一夜之后就开始想家，要求回去。怎么办?

“这怎么办? 想来想去，还是我去做工作吧。”尤良英说。为了让他们安心在此务工，尤良英挨家挨户看望他们，给他们讲在这里务工的好处，讲怎么用自己的双手创造幸福生活。同时，她还主动与合作社社员交流，告诉他们怎么关心、爱护这些务工人员，怎么从生活小事上帮助他们。

一个月的时间，尤良英把所有的精力都放在安抚稳定务工人员上，自己家农田里的事一点也没顾上。虽说磨破了嘴，跑断了腿，但尤良英心里还是很高兴。她说：“虽然我自己辛苦，但通过这件事，连队里的许多职工终于明白，民族团结工作真的很重要。他们事后说‘只要真心对待、真心来做，民族团结的事是可以做好的。’”

这些来到陌生环境，又是第一次出外务工的人员，克服了最初的不适应，在合作社社员手把手帮助下，学会了田间管理技术，走上了用自己的双手创造幸福生活的大道。

2020年年初，尤良英再次将和田地区100多位贫困家庭劳动力带到了第一师。这些多次来此务工的人员，像回到家一样，很快就投入田间地头的劳动中。最关键的是，他们的思想观念发生了巨大变化，并通过几年的外出务工，实现了家庭脱贫，走上了奔小康的大路。

“只要心在一起，就能攻克更大的困难，他们脱贫的目标就能实现，他们今后的日子一定会更幸福。当秋天他们回家时，收获都是满满的。我的愿望就是：脱贫路上不落下一个人。”尤良英说。

“我们合作社要种植出最棒的产品”

来到合作社社员王新举家的红枣地里，一行行红枣树间隔距离很宽，树上挂满了丰收的红枣。而在相邻的另一片红枣地里，红枣树间隔很近，树上的红枣结得很少、很小。

王新举说：“这就是我们今年进行的一项重大实验，拉大红枣树的行间距离，将原来的2.3米，扩展到4.1米。为的就是让红枣树照射到更多阳光，让枣树间透气更畅通，最主要的是我们可以实行机械化作业了。”

尤良英说：“表面上看，红枣树少了，结的果子也会变少。但因为我们实现了红枣种植机械化，种植成本降低了。加大了红枣树的间隔距离，阳光和空气让红枣树生长更好了，结出的红枣品质更好了，售价自然就上去了，反而增加了收入。”

春天在红枣地里种上青草或油菜，待长到一定时机后，将其打成绿肥施在地里。枣树间挂满反光条驱赶鸟儿，不远处竖着用白杨树条绑起的把子，驱除病虫。整个红枣园里，全是生态性防护措施。

尤良英笑着说：“这都是我们在塔里木大学的专家指导下开展的生物防治措施，彻底改变打农药、上化肥的生产模式，所以种植出来的红枣有了一个好听的名字，用良心种出的红枣——尤枣。”

说到这儿，站在一旁的王新举低下了头。原来，王新举是尤良英成立的第一个合作社的社员，2016 年他用家里的 40 亩红枣地加入合作社。但因为种种原因，合作社第一年和第二年都没有太大收益。看

尤良英（左）在推介本地农产品（光明图片）

到加入合作社没太大效益，又对合作社采取的全新种植模式没有完全掌握，王新举作出了一个决定：退社。“当时心里很迷茫，不知道这样做是不是对的。可一年后，我重新看到了希望，我又重新加入合作社了，这次信心很足。”王新举说。

郭德欣也是2016年加入合作社的第一批社员。当年他去内地销售红枣时，无意间发现可以种植一种全新的苹果——红色之爱。他立即将消息告诉尤良英，决定购买一批果树苗试种。尤良英又请来科技专家指导种植，这批果树去年终于结果了。“这个新品种苹果一进入市场，就受到大家的欢迎，一公斤卖到50元，比过去我们种植的红富士苹果价格高多了。目前已经有内地客商主动联系我们了，今年能收获超过14吨，正在洽谈价格呢。”郭德欣高兴地说。

尤良英和身边的几位社员说：“我们定了有机、绿色的种植目标，就该努力探索新的种植模式。过去我们一公斤红枣才卖2.5到3元，现在能卖到6元，关键是我们的种植成本降低了，如此一算，我们挣得更多了。我们合作社要种植出最棒的产品。”听到这儿，围拢在一起的社员们都连连点头。

“好的产品一定能卖到全国去”

阿拉尔市万农果品种植农民专业合作社联合社现在种植有棉花、红枣、苹果、葡萄、核桃等农副产品，如何将这些优质产品卖出去，是尤良英现在最主要的工作。用她自己的话说：“我现在就是一个销售员，天天想着怎么把产品卖出去，还要卖个好价钱。”

经过三四年的种植，合作社的葡萄今年第一次大丰收。可正值葡萄采摘时，遇到了新冠肺炎疫情。那几天，尤良英吃不下睡不着，困难之际，塔里木大学专门给联合社在大学校园里辟出 3 个摊位供其销售，塔里木大学的学生团队还专门帮助她开展网上直播。

“真没想到，仅仅一个星期的时间，我们收获的 140 吨葡萄全部销售一空。那几天，我们没白天没黑夜地忙碌着，下单子给内地发货，盯着收货款，一点儿也没休息。虽然疫情给生产经营带来很大影响，但我们要善于把握商机。”尤良英说。

看到这个商机，尤良英全身心地投入，就是为了不仅要把联合社的农副产品卖出去，还要卖个好价钱。一次要去北京开会，因为直播平台安排在早晨直播，她果断改签机票，坐在直播间里进行了一个小时的直播带货。没想到，这一个小时，她竟然卖出了 38.5 万元的货，网上观众达 74 万人次。

记者采访结束离开之际，正遇到尤良英与联合社的社员一起研究发展新思路。她身材不高，但仿佛有使不完的劲。“我要带领身边的各民族兄弟姐妹和社员把地种好，种出有情怀、有良心的农副产品。好的产品一定能卖到全国去。大家团结起来，沿着这个方向一直走下去，走得更远，走得更扎实有力。”尤良英说。

【短评】

交心方能久远

扎根在塔克拉玛干沙漠边缘，致富不忘乡亲们，十多年帮扶素不相识的少数民族兄弟，最终成为亲如姐弟的一家人。尤良英，这个新疆生产建设兵团第一师 13 团 11 连的普通职工，身上有着新疆各族人民共同的优秀品质，如一朵新疆大地上的美丽花朵，盛开着、怒放着，带领着更多的人，从身边小事做起，让新疆的民族团结之花根深叶茂，常开不败。

为各族人民群众做好事，是每一个共产党员心里始终牢记的使命。尤良英不仅做了，而且在不断地要求自己做得更好，带领更多的各民族兄弟姐妹脱贫致富。她以行动的力量感召人们，增强对伟大祖国的认同，对中华民族的认同，对中华文化的认同，对中国共产党的认同，对中国特色社会主义的认同。这是一条贯穿新疆发展的主线，也是新疆故事最好的内容。

民族之间的真情就像江河的成长，开始只是涓滴细流，最终汇成波澜壮阔的江河。真情在一路流淌中，渐渐演变成亲情——一种人和人之间最牢不可破的情感，这也是新疆各民族间相濡以沫的深厚情感。它根植在心里，散播在人群，绽放出了鲜艳的花朵。

做民族团结工作重在交心，将心比心，以心换心。新的时代赋予民族团结工作新的内容，但交心换心的内核永远不会变。因为爱是不分民族的，只要每个人都贡献出自己的一份小爱，汇聚成稳定繁荣发展的大爱，新疆的明天就一定会更加美好。

（王瑟）

为了留守儿童，他和时间赛跑了 20 年

——记第七届全国道德模范、安徽省和县退休乡村教师叶连平

“我酷爱教育工作，希望当一辈子教师，愿意在三尺讲台上呼出最后一口气。”

扫码观看叶连平专题片

2月7日，冬日暖阳，年逾九旬的叶连平带着自己购买的慰问品，由他的学生安徽省和县卜陈学校校长居平树陪着，到敬老院慰问老人。

“敬老院大部分的老人比叶老师年纪小，叶老师已经连续慰问了3年。”居平树说，“叶老师计划了好几天，拦不住。”

除了敬老院老人，叶连平最牵挂的还是留守儿童：从2000年叶连平创办“留守儿童之家”至今，他已经为留守儿童义务补课20多年，累计教授学生1500多名。而他2012年创设的“叶连平奖学基金”，至今已发放9届近19万元，累计奖励学生250多名。

“只要孩子有困难，叶老师都会慷慨解囊。20多年来，叶老师花在留守儿童身上的钱，少说也有30多万元，而他自己出门，连瓶矿泉水都舍不得买。”居平树告诉记者。

“人家是来日方长，我是来日方短。”2月6日下午，满头银发的叶连平佝偻着身子，俯身在一摞作业本中认真批改，“我的时间不多了，我要把时间留给孩子们。”

教室里，温暖的阳光照进来，照亮墙上挂着的“第七届全国道德模范”“新中国最美奋斗者”“全国德育教育先进个人”等奖状……

记者耳边，又回响起3年前采访叶连平时他说的那句话：“我希望我呼出最后一口气是在讲台上。”

照亮留守儿童的“烛光”

“1978年11月24日我受聘任中学教师，这距离我离开南京琅琊路小学群众夜校正好23年。我酷爱教育工作，希望当一辈子教师，愿意在三尺讲台上呼出最后一口气。”

——摘自叶连平尚未发表的回忆录

2013 年，叶连平因为脑溢血加脑膜炎不得不在南京住院，手术后的第 4 天，他就“闹着”出院回家。尽管才分别几天，当叶连平出现在教室里，孩子们围着他们的“叶爷爷”仍不禁放声痛哭。

那一年，叶连平 85 岁，已经义务为留守儿童补课 13 年。

叶连平在备课（光明图片）

1928 年，叶连平出生于山东青岛。18 岁时，因为父亲在当时的南京美国大使馆做勤杂工，叶连平在那里学得一口流利英语。1949 年后，叶连平同几位居民一同开办夜校，给南京琅琊路社区做扫盲工作，一直做到 1955 年。

1965 年，叶连平辗转来到安徽省和县卜陈镇。“先在窑厂做工，后来进了生产队，落了户。”回忆起那段经历，叶连平有些激动，“这里的人们收留了我，给我腾出两间房子，给我送来被褥。到任何时候，我都感恩。”

1978 年，50 岁的叶连平终于重回讲台，成为卜陈学校的教师。

“当时我带的是毕业班，离中考还有 6 个月。”叶连平记得，班上 48 名学生，“每天来上课的不到 20 人，孩子对家人说去上学，其实是跑出去玩。”叶连平用了45天的时间，对48名学生一一家访，一个个把孩子找回课堂。

初中不能组织晚自习，叶连平把学生按照自然村分成5个组，自己提着马灯，一天一个组地跑到村里辅导学生。

那一年，他班上有11人考上中专，成为全镇中考成绩最好的班级。

2月7日，在叶连平的院子里，记者见到了那盏锈迹斑斑的马灯。许多个夜晚，叶连平就提着这盏马灯走在和县的乡间地头，为学生们带去希望之光。

还是在院子里，记者看到斜靠在墙角的自行车。30多年来，叶连平始终坚持骑自行车去家访、去县城给学生们买教材教具。“就是去南京，叶老师都是骑着自行车去，他不舍得花钱买车票。”居平树告诉记者，“叶老师总是说，省下几块钱，就能给孩子们买一本书。”

2000年7月，已经退休10年的叶连平看到村里的留守儿童无人辅导作业，尤其英语基础普遍薄弱，便把自家的一间房屋腾了出来，义务给孩子们辅导功课。

这一补，就是20年。

其间，无论哪个孩子家里困难或者离学校比较远，都可以在叶连平家免费吃住。

2012年，叶连平又拿出2万多元积蓄，并在社会各方的支持下，成立了“叶连平奖学基金”，用于奖励优秀学生，资助困难学生。

如今在安徽马鞍山经营着一家装修设计公司的杨鸿雁，上初中时，家住得离学校很远。得知情况后，叶连平主动找到杨鸿雁的父母表示：“就在我家吃住吧，省下路上的时间学习。”

整整 3 年时间，杨鸿雁就住在叶连平家。她对叶连平的称呼也从“叶老师”变成了“爷爷”。

2003 年，杨鸿雁考上了宿州学院。“别的学生都是父母来送，只有我一个人是爷爷来送。”给杨鸿雁买好饭菜票，安顿好宿舍，叶连平才匆匆返程。“爷爷离开的时候，我再也忍不住了，我哭了。”杨鸿雁说。

然而，杨鸿雁不知道，叶连平返回南京后，由于当天没有去和县的班车，他又舍不得花钱住招待所，这个“抠门”的老人竟然在南京下关的马路边待了一夜……

立德树人的“阳光”

“教师的职责自然是教好书。但是，教书可不是唯一的任务，教师更重要的责任在于培养合格的人才。简而言之，就是育人。”

——摘自叶连平尚未发表的回忆录

从 2000 年开始，每个暑假，叶连平都会自费包车带他的学生去附近城市的博物馆、科技馆、烈士陵园参观。

叶连平说：“只要看到这些乡村孩子在公开场合用英语和别人交流，我就有一种成就感；只要看到孩子们在博物馆里专注的神情，我就知道，又一颗爱国的种子正在萌芽。”

常久明现在是上海纺织工业园一家成衣定制公司的老总。从 2011 年开始，他每年都会带着公司员工回到和县，给“叶连平奖学基金”捐助一笔钱，这已经成为他公司的重要活动之一。

1983年，因为家境贫寒，父母想让正上初中的常久明辍学学缝纫。一个傍晚，正在棉花地里帮父母干农活的常久明，看到远处一个身影步履蹒跚地走过来。

叶老师家访来了。常久明的家距离学校有5公里，都是土路，且要翻山过河，当时正值汛期，这令常久明非常感动。

然而，叶连平还是没能说服常久明的父母。夜色笼罩着田野，躲在暗处的常久明看着叶老师渐行渐远的落寞身影和越来越弱的马灯灯光，泪流满面。

“尽管我后来还是没能继续读书，但能成为叶老师的学生，是我一辈子的幸运。他是我一生的榜样。”常久明说。

记者采访的当天没有课，但仍有不少学生来叶连平创办的图书室借书还书。

14岁的尹蕾带着8岁的弟弟尹维，轻车熟路地走进图书室，登记、借书。姐弟二人来自云南昭通，父母在附近的工厂打工，姐弟俩每天都要来一趟。“放寒假了，爸爸妈妈忙，我们就来叶爷爷这里做作业、看书。”尹蕾告诉记者，“叶老师很严格，但我们不怕他，他就像爷爷一样。”

出门的时候，姐弟俩齐声对叶连平说：“爷爷再见。”

那一刻，记者注意到，叶连平脸上挂着欣慰的笑容。

在日常交流中，叶连平始终坚持用尊称“您”。他说，身教胜于言传：“师而无德，能教好学生吗？”

一年暑假，叶连平带着学生参加夏令营。“在一所学校食堂吃自助餐时，一个学生盛的饭菜多了，吃不完，端着碗问叶老师咋办。”居平树告诉记者，“叶老师给学生讲明节约的意义后，接过学生的饭碗，把剩饭吃得一点不剩。”

“每个家长来，都说：‘叶老师，我把孩子交给你了。’”叶连平对记者说，“孩子交给我了，我就要负起责任，不但要教给孩子们书本知识，还要教他们做人的道理。”

“教师不能只做传授书本知识的教书匠，而要成为塑造学生品格、品行、品位的‘大先生’。”叶连平说。

无疑，叶连平就是中国乡村教育的“大先生”。

有一次，叶连平因患白内障做了手术。左眼手术，他就睁着右眼上课，右眼手术，他就睁着左眼上课，一节课没落下。

叶连平说：“教育就像种地，作为一名有着 35 年党龄的教师，首先要做一个合格的‘播种者’。”

一次，一个学生在作业中把“中国”的英文单词写成了小写。叶连平用了很长时间给学生解释必须大写的原因：“任何一个国家的名称，在英文里都要大写，这是对祖国热爱的体现。”叶老师告诉记者：“用这种办法，不但讲清了专用名词和普通词语的区别，也是在讲一堂爱国主义教育课。”

乡村教育的“强光”

“儿童节快到了，我想给幼儿园的孩子们添些什么……从县城买了玩具和体育器材，却发现自行车前轮瘪了。咬紧牙关，破例第一次打的。”

——摘自叶连平尚未发表的回忆录

2013 年，叶连平生平第一次“打的”，也是唯一一次。

如果不是 2018 年车祸伤及腰椎，年逾九旬的叶连平一定还会骑着自行车奔波在长江岸边进行家访。

叶连平始终认为“家访是教师的必修课”。在他看来，登门家访的效果，是家长到校、电话家访所无法达到的。“家访不是告状，只有到学生家里了解情况，才能真正掌握学生成绩起伏背后的原因。”

正是在家访中，叶连平才发现了学生的困难，主动让 10 多个孩子先后在他家免费吃住。

在叶连平的教室里，有两块黑板，一块用来上课，另一块层层叠叠地贴着学生的成绩单和试卷。

“叶老师现在有 58 名学生，按照年级不同分成 4 个班，他每周末都坚持给孩子们上课，每次都要给每个班上两个多小时的课。”居平

叶连平在教室里欣赏学生送给自己的折纸礼物（新华社发）

树有些担心，“毕竟是 90 多岁的老人了，做过多次手术，怕他身体吃不消啊。”

2 月 6 日，记者去采访时，叶连平说：“作业昨天才改完。”翻开厚厚一摞作业本，每一页都密密麻麻写满了叶连平的批注。“韩愈说：‘师者，所以传道授业解惑也。’传道就是立德树人，授业就是传授书本知识，解惑可不就是要批改作业嘛。不认真批改作业，叫什么老师？”

为帮助抗击新冠肺炎疫情，2020 年 2 月，叶连平跑到银行，以“特殊党费”的形式捐出 2 万元。疫情防控形势刚刚稳定，叶连平考虑到防疫期间很多家庭无法外出打工，家庭收入受到影响，又让卜陈学校筛选了 34 户孤儿、单亲家庭、特殊困难户，每户发放困难补助 400 元。

这个把满腔热情和毕生心血都倾注到乡村教育的老人，至今仍住在学校旧教室改造成的平房里，屋子里没有一件像样的家具。长江边冬天阴冷，叶连平至今还经常穿着 60 年前离开南京时姐姐给他做的一件棉坎肩。

20 多年义务给留守儿童补课，没收一分钱的补课费，反而资助奖励学生 50 多万元，对此，很多人无法理解。叶连平说：“这里的人从来没有把我当成外人。他们的孩子，就是我的孩子呀，给自己的孩子补课，还能收费？”

桂学宝曾经是叶连平的学生，考上蚌埠医学院后回来看望叶连平。听说医学院上课缺少标本，不久，叶连平签了协议，要在百年之后把遗体捐给医学院。“人家是鞠躬尽瘁死而后已，我还想再作一点贡献，就当是‘死而不已’吧。”

如今，叶连平奖学基金已经交由杨鸿雁打理。“我不定期来看看爷爷，来多了，爷爷怕我耽误工作，来少了我不放心。”杨鸿雁说，“我们这些叶老师的学生商量，大家轮流来给学生上课，把留守儿童之家继续办下去，一定要把爷爷的精神传承下去。”

【短评】

致敬为文明接续香火的人

90 多岁高龄的叶连平总是谦虚地称自己是只“萤火虫”。但正是这乡村不起眼的萤火虫，用燃烧自己的方式，照亮了留守儿童的天空，成为他们彷徨时的“燃灯者”和暗夜流泪时的守护者。叶连平说：“我的时间不多了，我要把最后的时间留给孩子们。我一直在和时间赛跑。我希望呼出最后一口气是在讲台上。”

叶连平是平凡的，在鲜为人知的乡村三尺讲台上，默默奉献着。叶连平是伟大的，他用 20 多年的坚守彰显着初心和使命，他把留守儿童的学习、成长当成自己的使命扛在肩上。生命不息，担当不止。

这是记者第四次采访叶连平。上一次采访时，教室后面的黑板上，贴满了五颜六色的千纸鹤。叶连平说：“这些都是父亲节那天，孩子们亲手给我做的祝福卡。”

他随手从黑板上摘下一只湖绿色的千纸鹤，上面歪歪扭扭地写着：“叶爷爷，您就是我最亲爱的父亲！——一年级尤梦瑶”。虽然这只是一句逻辑错了却感情真挚的祝福，但这是最纯正的心在被爱滋润后发出的回应。

前进中的中国需要文明的力量，需要有为文明接续香火的人。而叶连平，无疑就是一束文明之光、道德之光，照亮着孩子们的追梦人生。

面对这样一束光芒、这样一种力量，我们能做的就是致敬，并且践行。

（常河）

大医传承　躬身为民

——记第七届全国道德模范、中日友好医院皮肤科主任医师张晓艳

“我们更要全身心为患者考虑，尽最大可能去帮助患者、抚慰患者。患者的信任和理解是我们最大的快乐。”

扫码观看张晓艳专题片

北京，全国拥有最多三甲医院的城市。

在北京各大医院里，人挨人、人挤人是常态。每一名正在接受治疗的、候诊的、排队挂号的、期望加号的患者，无不希望得到名医亲自诊治。

相较于源源不断的患者，任何一家医院的专家级医生都是有限的，名医更是绝对少数。

找名医看病特别不容易，于是经常有人问，大医院里的“大医生”们每天都在干啥？他们平时究竟如何为患者服务？

全国道德模范张晓艳，是中日友好医院皮肤科的主任医师、教授、博士生导师，是老百姓眼中名副其实的“大医生”。细致观察张晓艳工作、生活的常态，或许能获得对各种疑惑的最好解答。

“不要耽误她的时间”

“能不能不写‘出门诊时顾不上喝水’这点儿小事。我不希望同行们学我。医生也是人，病人又多，诊疗工作忙，一定要注意补充水分。”张晓艳对记者说。

在采访中，跟随张晓艳学习的研究生们表示担忧称，张晓艳出门诊时，一是顾不上，二是怕上厕所耽误病人时间，喝水太少太少。大家一致提议：“记者同志，您能不能借着采访的机会，帮我们提提意见。”

然而，呼吁后的结果却是，他们的导师不让写这个细节。

11 月的一个周一上午，记者在门诊一线采访时，眼见前来问诊的病人络绎不绝。张晓艳不停地问、不停地嘱咐，早已口干舌燥。本

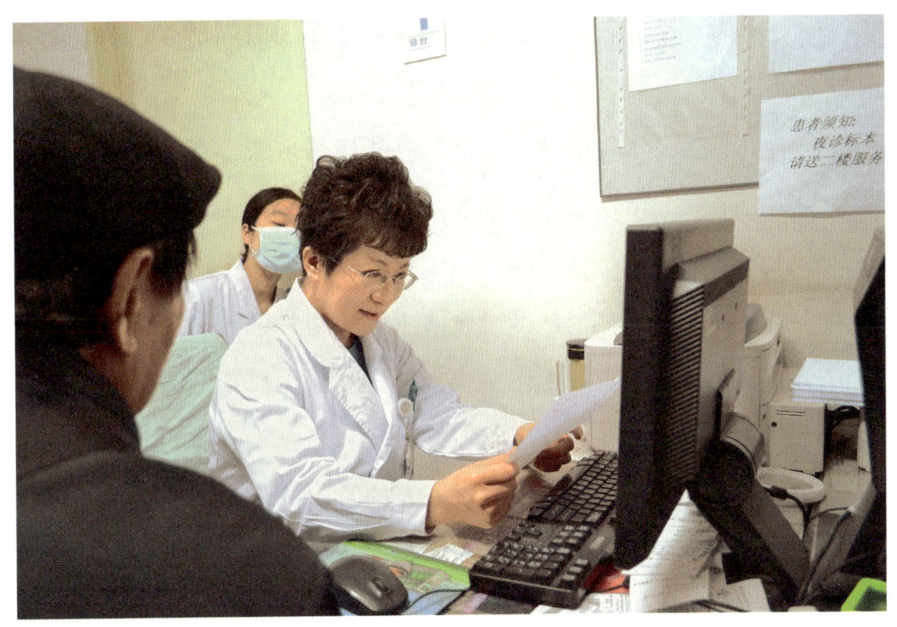

张晓艳在给病人看病（受访者提供）

想趁送走前一个病人的空隙赶紧喝口水，可刚端起水杯，后面的病人就已经推门进来了。张晓艳本能地把水杯又放下去，盖上杯盖。

平时，张晓艳的门诊病人特别多，门诊号很难挂。在她的记忆中，最高一次日门诊量曾达到189人。很多病人都知道，找张晓艳主任看病，一定要帮助她节约时间。

一次出门诊，病人见了张晓艳就开门见山："张主任，我朋友的痤疮就是您看好的。我来之前他特意嘱咐我，张主任病人太多了，让我一定提前一天准备好要说什么，一定挑重点说，不要耽误您的时间。"

"病人的许多举动经常让我们感动，让我们觉得温暖，给予我们力量。所以我们更要全身心为患者考虑，尽最大可能去帮助患者、抚慰患者。患者的信任和理解是我们最大的快乐。"张晓艳说。

面对突如其来的新冠肺炎疫情，张晓艳第一时间请战，却没能如愿投入武汉战疫一线。

去不了前线，张晓艳就坚守岗位，积极采取线上线下相结合的方法，利用网络资源帮助患者。在业余时间，张晓艳主动投身另一个战场——社区防疫。她带领全国社区医疗服务志愿团走访、慰问北京市朝阳区和平街街道等多个社区，全面了解街道社区开展疫情防控工作的情况，向社区疫情防控工作一线人员捐赠医用口罩、消毒液和洗手液等防护物资，亲自参与社区防控指导。

工作上极度忙碌往往会导致对家人的亏欠，张晓艳也不例外。“你不知道，老人为我付出了多少，他们为了让我把病人看完，自己吃了多少苦。有时候，我真想让老人抱怨几句，听到的却总是你去吧，我理解、理解。”张晓艳说。

“他们真是从北京来的”

就是这样一位出门诊顾不上喝水，顾不上照顾家里甚至睡觉时间都不够的医学教授，竟然还能抽出时间，干了一件震动学界、业界的大事。

“来北京寻求帮助的病人很多，可全国还有更多需要帮助的患者，没有能力来北京。他们也需要得到首都医疗专家的帮助。”2015年，张晓艳发起组建“全国社区医疗服务志愿团”，号召全国知名医院的医学专家开展基层医疗援助。

羊场乡，贵州省毕节市纳雍县最贫困的地区之一。从北京市朝阳区到羊场乡有2000多公里，即使坐飞机，也还要再坐车辗转走4个多小时的山路，相当于跨越了半个中国。

就是这么个鲜为人知的乡村，张晓艳带着多位知名医学专家跑了两趟，只为一个小男孩。

“来了好多人哦，穿白大褂的。他们真是从北京来的！”

2019 年 8 月，张晓艳带着团队成员第一次来到羊场乡，给乡亲们免费看病。那一次，一个 8 岁小男孩引起了专家们高度关注。

小患者四肢肌肉萎缩，小腿腓肠肌肥大，走起路来摇摇晃晃，日常行动、坐卧都非常困难。

回到北京，张晓艳心里仿佛住下了那个走路摇晃、蹒跚的小男孩。

“起码咱们得知道孩子得的是啥病吧。”2020 年 10 月，张晓艳再次带领志愿团专家们赶赴羊场乡去找那个小男孩。经过多轮会诊，专家们认为男孩得的很可能是严重的假肥大型进行性肌营养不良，一种罕见的遗传性疾病。

“孩子家里一定还有人得这个病！”经过反复询问，张晓艳和团队几位主任大夫了解到，小男孩有个表哥，已经完全不能站立、行走，生活无法自理。张晓艳和志愿团专家立即联系了毕节市相关检测机构，携带冰壶来到羊场乡，为小患者及其表哥和家族中直系亲属采集血样进行基因检测，筛查相关致病基因，结论是，兄弟俩得的其实是一种遗传病。

在此之前，患者的家族从来没想过这个病可以通过女性成员遗传给后代。由于缺少优生优育知识，患者家庭总是将患病归结于命运。

“这可是涉及一个家族长远幸福的大事。如果不从源头上说清楚、控制住，一旦发病便会给患者本人及其家庭都带来沉重负担，导致因病返贫、因病致贫。这就是我们做这些事情的意义所在。”说起专业上的事，张晓艳总是令人感觉到笃定、专业、鞭辟入里。

“下基层也是高尚的逆行”

如何让医疗资源跨区域流动，使优质医疗资源惠及基层？是否可以让不同区域、层级的医疗资源动态流动，从而实现整体发展？这些一直是张晓艳作为北京市人大代表常常思考的问题。

“这也是‘全国社区医疗服务志愿团’成立的初衷。”张晓艳回忆，5 年半以前，自己受邀参加中华志愿者协会组织的志愿服务沙龙，在那里，她第一次提出想建立一支由高端医疗专家组成的志愿服务队

张晓艳（左）在接受光明日报记者采访（光明图片）

伍。这个倡议得到了很多同行，特别是知名专家的一致响应，“全国社区医疗服务志愿团”很快就诞生了。

“当初就是想着，我们利用业余时间跑到基层去，跑到乡下去，让一些偏远地区的患者在家门口就能见到好医生。”张晓艳说。

没想到，朴素的初衷成就了国内规模最大、规格最高、服务基层次数最多的全国性医疗公益团队。志愿者们多数是各大医院的专家，他们在繁忙工作之余，利用业余时间下基层。

“张老师有着一种神奇魅力，看见她最常想起的标签是‘会发光，有温度’。每天她都在挤时间海绵里的水，滋润的都是病人、学生和需要帮助的陌生人。”全国社区医疗服务志愿团秘书、北京安贞医院医生刘双表示，在做公益这件事情上，张晓艳十分执着，她经常带着团队专家和志愿者深入祖国最贫困偏远的地方施医送诊，从飞机到客车，再到农用车，直至步行。

在团队成员魏守奕医生的记忆里，张晓艳下基层的常态画面是：老百姓在村卫生所外面层层围聚，张晓艳顾不上吃饭，也尽量不去上厕所，把时间留给需要看病的乡亲……

“我们要去的地方常常路途遥远、条件艰苦。当时，我最担心的是专家们是否有时间，能不能在繁忙工作之余抽出时间参加医疗公益。”张晓艳坦言，没有想到，大家都积极主动、尽心尽力地用自己的专业技术和经验为基层百姓健康作贡献。

几年来，“全国社区医疗服务志愿团”已经发展到1000多人，行程数十万公里，为超过2万名患者做了义诊咨询和健康指导，面对1万多名基层医护人员开展培训帮扶活动。

在张晓艳看来，就像战疫抗疫一样，下基层也可以说是一种逆行。“如今，我们的队伍越来越大，参与的医生越来越多。常常是老专家与年轻医生一道下基层，进一步发挥对基层和年轻医生的‘传帮带’作用!”

从京郊大地到秦岭南侧的南水北调水源地，从北大荒到巴蜀山区，山西长治，河北隆化，江西赣州寻乌……张晓艳和志愿团专家们在一次次的逆行中彰显着医者仁心、大爱无疆。

【短评】

牢记医者初心

全国道德模范张晓艳，是一位技艺精湛的医生。在她的身上，集中体现了热爱祖国、奉献人民的家国情怀，自强不息、砥砺前行的奋斗精神，积极进取、崇德向善的高尚情操。

作为一个医生，她带头倡导医德医风。身为主任医师、教授、博士生导师，张晓艳日常最重要的工作是出门诊，用平生之所学，扎扎实实为病人服务。为了让病人能够挂上号，张晓艳尽最大限度让出自己的个人时间，往往顾不上喝水、不敢上厕所，常常牺牲和家人在一起的时间。她以实际行动让医患关系变得和谐，在她的诊室里，医生关心病人、患者体谅医生，是常态。

作为一名导师，她不忘培养时代新人。面对研究生、青年医生，张晓艳躬身示范，言传身教，以实际行动落实立德树人根本任务。她要求自己的学生，要始终怀揣一颗赤子之心，敢于创新、勤于探索，一丝不苟做学问；她要求自己的学生，始终饱含家国情怀，不管学术到了哪个层次，都不能忘了坚持为人民服务。

作为一位知名专家，她积极把医者仁心洒向基层农村。张晓艳发起成立的“全国社区医疗服务志愿团”，在学界、业界引起强烈反响，越来越多的老专家、年轻人主动加入。他们主动放弃休息时间，常年奔赴贫困山区、革命老区进行医疗援助，行程数十万公里，助力基层、惠及患者。当看到“众人拾柴火焰高”的巨大力量后，张晓艳不忘履行人大代表职责使命，深入思考如何从机制上完善顶层设计，积极推动医疗卫生事业迈向更高台阶。

获评全国道德模范后，张晓艳对自己的要求是，更要俯下身、沉下心来做实事，“不驰于空想、不骛于虚声”，充分发挥榜样力量，以实际行动帮助更多人、带动更多人，让健康、幸福的阳光朗照神州大地。

（董城　薛元元　郭苏哲）

美学教授农家书屋办学

——记第七届全国道德模范、湖南科技大学退休教授夏昭炎

“让农村到处飘散文化气息，让农民享受现代文明带来的快乐和幸福！这是一个老知识分子应有的担当。”

扫码观看夏昭炎专题片

“在农家书屋办学就是‘种文化’，让中老年人学时事政策和现代知识，让孩子们有个‘第二课堂’。”夏昭炎说，“乡村之美主要在于自然，但诗意的美却离不开文化。”

85岁的夏昭炎是全国道德模范、湖南科技大学原文艺学教授。退休后，夏昭炎回到老家——湖南省株洲市攸县石羊塘镇谭家垅村居住。十多年来，他与老伴儿杨莲金在家乡崇文兴教、涵育乡风、反哺桑梓。他们拿出自己仅有的积蓄，创立书屋、开办学校、成立活动中心。在当地，夏昭炎成为新农村建设的热心人、新观念的倡导者和新乡贤的代言人。

创办农家书屋　传播文化知识

2004年，夏昭炎退休回到家乡。他们夫妇发现，农闲时，乡亲们吃完早饭就呼朋引伴，围坐在牌桌旁打牌，一打一整天，还有不少留守儿童凑在牌桌旁。

为此，夏昭炎决定创办农家书屋，他要让乡亲们从牌桌前回到书桌前。

夏昭炎是文艺学教授，几十年来从事文艺美学研究，尤其对“意境”这一美学范畴研究颇深。自20世纪70年代末以来，夏昭炎就在高校任教。他潜心学术，撰著学术论文60余篇，其学术专著《意境概说》被湖南省教育主管部门推荐为“研究生教学用书”，专著《意境》被学术界誉为“在意境研究史上具有开创意义”的著作。

“意境”强调美的氛围。夏昭炎说：“乡村的自然美当然好，但若没有文化的滋养，不去除人心的浮躁，哪会有诗意的美呀。”

村里祠堂边有一处闲置多年的旧房子。夏昭炎将房子买下来，修缮一新，再搬来一些桌子、板凳和家里的书籍、报纸。2009年4月，书屋开张了。老伴儿杨莲金挨家挨户邀请："明天都到书屋来看书吧。"第二天，陆陆续续来了十多位村民。大家挤在一起，翻书看报。看到这一幕，夏昭炎夫妇心里十分高兴："我们就是想让乡亲们多读书，看看外面的世界，了解乡村外面的生活。"

慢慢地，来看书的村民越来越多，房子空间不够了，夏昭炎继续修葺老屋，搭建风雨棚，设立阅览室、学习室和村民文化活动中心，并发动学生亲友为书屋捐赠书籍。目前，书屋藏书上万册。书屋里一摞摞厚厚的借阅记录本写得密密麻麻，村民借还书籍八千余册。

攸县是有名的劳务输出大县，村里留守儿童多。2010年暑假，夫妇俩决定在村里办一所少儿假期学校，把孩子们组织起来看书、学习，并开设古典文学、音乐、美术、益智游戏等课程。假期学校特别受欢迎，名气也越来越大，不仅吸引了附近中小学教师来义务上课，还有多所高校的大学生志愿者前来支教。

传递科学知识　引领健康生活

回乡居住后，夏昭炎发现，乡亲们缺乏医疗保健知识，很多人生活方式不是很健康。

他和老伴儿商量："我们可以带领大家健身、搞锻炼，开设老年保健知识课，教大家穴位按摩和保健操。"杨莲金是湘潭市卫生局的退休职工，懂得不少专业的医疗保健知识，她非常支持这个想法。说

▶ 夏昭炎在做志愿服务（湖南省株洲市攸县县委宣传部提供）

干就干，老两口决定在村里办“老年学校”，重点讲养生保健知识。

2011 年 5 月 18 日，杨莲金主讲的“保健讲‘做’”课程开课。课堂上，杨莲金边讲边做，示范如何做保健按摩，台下几十位老人听得十分认真。如今，村民一些常见的小伤小痛都能自己解决。

后来，夫妇俩教村民医疗保健操、太极拳，发动大家跳广场舞，成立文体队、军鼓队，参加全县展示、表演、比赛。现在村民做操、打太极拳、跳广场舞，天天如此，风雨无阻。村民们都说：“现在我们经常在一起蹦蹦跳跳，锻炼身体，生活得很快乐，病痛少了，邻里关系也更好了。”

为讲好养生保健课，夏昭炎夫妇每天捧着大量书报资料，抄抄写写，自编教材，内容涉及如何预防心脑血管疾病、如何吃得健康等方面。除正月外，每个月的农历初三和十六，都是雷打不动的教学日。保健课很受村民欢迎，邻近乡镇都请他们去讲课。

开设道德讲堂　涵养文明乡风

夏昭炎以书屋为依托在村里开办道德讲堂，经常给大家讲孝道、传统美德、时事政治、法律法规等内容。夏昭炎是文艺学教授，解析汉字是他的所长，他经常把一些做人处世道理与字形字义结合起来，用生动方式讲给大家听。比如，讲“仁”字，他说：“两个人在一起就叫仁，两个人心不好的话，就搞不到一起，就会不仁不义。”讲“信”字，他说：“‘信’字是人旁言，言而有信方为人……”

回到村里十多年，村民早已把这位“大教授”当作自己人，村里有什么事，谁家有个家长里短，都愿来找他，都愿听他的。一方面，夏昭炎德望高、没私心，村里修路、种树、捐钱他都做在前头；另一方面，他学问深，讲道理生动、透彻，大家一听就懂。

夏昭炎在为村民上课（湖南省株洲市攸县县委宣传部提供）

在夏昭炎这位“新乡贤”的感染下，当地乡风文明、家风良好、民风淳朴，一股向上向善的力量在凝聚。村民见贤思齐，在当地掀起一股学乡贤、敬乡贤、崇乡贤、当乡贤的热潮。书屋所在地，也叫“乡贤馆”，是石羊塘镇的乡贤文化活动中心。目前，当地已评选出74名身边的“新乡贤”。

2018年去世的夏欠秀老人就是村民选出的“新乡贤”之一。为帮助夏昭炎办书屋，夏欠秀老人生前主动腾出一间临街门面房作为借阅点，还亲自管理。张玉英的家就在书屋附近，自2011年起义务担任书屋图书管理员。她把书屋管理得井井有条，后来她被评为湖南省优秀农家书屋管理员。

家乡面貌一天天改变，越来越接近夏昭炎想象中的诗意境界。

“让农村到处飘散文化气息，让农民享受现代文明带来的快乐和幸福!”夏昭炎说，“这是一个老知识分子应有的担当。”

【短评】

一颗繁荣乡村文化的种子

湖南科技大学退休教授夏昭炎，十多年前回到家乡养老。他不顾身患重病、年事已高，和老伴儿杨莲金一起拿出积蓄，带领乡亲们建起文化活动中心，开办老年学校和少儿假期学校并免费授课，为寒门学子设立奖学基金，使家乡的文化环境得到明显改善，成为社会主义新农村建设的热心人和先进文化的传播者。

村庄是传统中国的根脉所系。很多漂泊在外的人，只要想起记忆中的那个村落，都会魂牵梦绕。然而，近年来，大批农民纷纷举家迁出，寄居城市边缘，农村“空心化”正成为中国城市化进程中又一令人担忧的现象。

相对于物质建设，农村文化建设更加任重道远。而夏昭炎之所以毅然决然地选择这样“难啃的骨头”，是因为他坚信读书改变命运、文化促进发展。他说：“我就是要做一颗文化的种子，在这里生根发芽，开花结果。”

夏昭炎曾在日记《永远的家园》一文中写道：“回到老家是我一生中最无悔的抉择。是的，我终于找回了自己，找回了我的生活，找回了我的家园。”

文化振兴是乡村振兴的精神基础。没有乡村文化的高度自信，没有乡村文化的繁荣发展，就难以实现乡村振兴的伟大使命。夯实乡村振兴的精神基础，需要更多的夏昭炎，也需要全社会一起努力。

（龙军　禹爱华）

扎根大凉山支教的“铿锵玫瑰”

——记第七届全国道德模范、四川省凉山州美姑县瓦古乡扎甘洛村教学点支教志愿者谢彬蓉

“虽然条件艰苦，但孩子们需要我，被需要也是一种幸福。”

扫码观看谢彬蓉专题片

汽车离开307省道，行驶在一边是悬崖、一边是深渊的盘山水泥路上。越过一道道急弯，攀上一个个陡坡，随着海拔从不足1000米升至2500多米，四川省凉山州美姑县瓦古乡扎甘洛村的标示牌终于映入眼帘。再转过几道弯，爬上一个坡，就能听到山坳里传来琅琅读书声。

“那是谢老师在给孩子们上语文课。”扎甘洛村党支部书记吉克古克说，他最爱听这声音了——原来只在电视上见过的场景，终于在身边实现，孩子们都有光明的未来，扎甘洛村也就有了光明的未来。

循声前行，扎甘洛村小学出现在眼前。那是半山上的一座活动板房，房前一片狭长平地就是操场，五星红旗在操场上空迎风飘扬。第七届全国道德模范、退役军人谢彬蓉已在此坚守支教5年多，成为扎根大凉山的一朵“铿锵玫瑰”，给大凉山深处带来了新的生机和希望。

为梦想而来，成为对扎甘洛村影响最大的老师

一身迷彩服，一头齐耳短发，谢彬蓉随时都保持着军人的干净利落。课堂上，孩子们积极回答着她的问题，课堂气氛热烈；下课后，她跟孩子们一起嬉戏玩耍，完全融入了这座大山。

“我父亲是一名参加过抗美援朝战争的老兵，退伍后回到家乡当了小学教师。”谢彬蓉说，受父亲影响，她从小就有两个梦想：从军、从教。

高中毕业后，谢彬蓉如愿考入四川师范学院；毕业后参军入伍，在艰苦边远地区工作了20年。2013年，谢彬蓉退役时，已是空军某部的一名高级工程师，获大校军衔。

完成了从军梦之后，谢彬蓉的另一个梦想在脑海里清晰起来：“我只在大学实习时做过一段时间老师，国家培养了我，我希望自己的本领还能派上用场。”

谢彬蓉想起了小时候父亲常讲的“彝海结盟”故事，就想把支教目的地放在大凉山。经详细了解，大凉山迫切需要教师，正是她的用武之地。2014 年，她剪去刚刚蓄起的一头长发，背起行囊，来到了大凉山。

初来之时，她并没想到会在这里待这么多年。最初，她在凉山州首府西昌市附近的一所小学支教，教学条件差、学生基础差都在预期之中。她四处募集资金，修缮教室，带领全校师生整治环境，使校园面貌焕然一新。

当年期末，正当谢彬蓉准备回乡时，她被抽调到当地中心校监

谢彬蓉与学生们在一起（新华社发）

考。谢彬蓉发现，即使是教学条件较好的中心校，孩子们的考卷依然大片空白，有的孩子甚至连名字都不会写。她的心又揪起来了——改变校园环境相对容易，好的教师才是这里最稀缺的资源。

她留了下来。她支教的脚步，延伸到了师资更为紧缺的深山里。2015 年秋季学期开学之前，她来到了扎甘洛村。这个村，与著名的“悬崖村”直线距离仅 20 多公里，在大凉山也是最贫困村之一。

谢彬蓉来的那天，吉克古克开着面包车去接她。当时还没有水泥路，只有村民用铁锹在山壁上挖出来的一条土路，面包车爬坡时需提前加速才能冲上去。坡陡路弯，车窗外是没有护栏的悬崖，谢彬蓉紧紧抓住扶手，咬紧牙关，不敢看向窗外。艰难的两个多小时后，车终于到达村委会，她对吉克古克说，自己宁愿多花半天的时间徒步走上来，也不想再坐车了。

吉克古克心里也在犯嘀咕：村里条件太艰苦了，老师来一个走一个，最后一个也没有留下来。时间最短的，到村 3 天后就悄悄离开了。谢老师是第一位到村的女老师，她能待多久？

“我是一名军人，啥困难能难住我？”谢彬蓉没有犹豫，把行李放进眼前这座建于 20 世纪 70 年代的土坯房里，就开始了驻村支教的生活。

“没想到，谢老师从未退缩，在我们村支教已经 5 年多了，她成了孩子们的‘谢妈妈’。”吉克古克说，自己当村党支部书记 24 年，谢老师是自己迎来的第 25 位老师，也是驻村最久、对扎甘洛村影响最大的老师。她改变了村民的观念，改变了孩子们的命运，老百姓对她的感谢，说一整天也说不完。

从洗手教起，孩子们还有了艺体课

在彝语中，“扎甘洛”指牛羊走过的路。长期以来，扎甘洛村以放牧为主要生计，但山高地少，牧草能养活的牲畜非常有限，孩子们常常需要把牛羊赶到很远的地方去放牧，然后才能去上学。他们常常迟到，渐渐地也就不愿意上学了。

谢彬蓉初到时，扎甘洛村小学只有 10 个学生。两位数的加减法不会算，普通话也不会讲，上课随意走动，10 个学生的考试分数加起来才 100 多分……谢彬蓉怎么也没想到，这些六年级的孩子，只掌握了大约一年级的基础知识。

一个女孩是家里的长女，经常旷课去放羊，谢彬蓉带着“翻译”去家访，她告诉家长，这个孩子聪明好学，不读书太可惜了，她好好学习，长大了才能帮助弟弟妹妹学习，他们将来都能有出息。苦口婆心的劝说，终于打动了家长。后来，这个孩子初中毕业后，考入了成都一所职业技术学院学习。

就这样，不愿上学的孩子，都被她一个一个“抓”回了课堂。孩子们听不懂，她就用孩子们最熟悉的土豆、核桃等做教具，教孩子们学会加减法。她还自编歌谣，教孩子们认识拼音和汉字，把课文改编成情景剧，让孩子们自导自演，鼓励他们大胆发言。她的课堂很有趣，经常有一些没上学的孩子趴在窗边听。

孩子们的学习热情被激发出来，家长们也看到了谢老师给孩子们带来的改变，他们都愿意把孩子送到学校来。第二年，扎甘洛村小学再开学时，有了一个由 30 人组成的一年级班，当时年龄最大的孩子已有 12 岁。

开学前几周，谢彬蓉没有排课，而是从洗手教起，教孩子们刷牙、洗脸、洗衣服，教他们站军姿、走队列、做广播体操，让他们懂规矩、讲礼貌，养成良好生活习惯和文明行为。很快，灰头土脸的孩子们变得爱干净了，他们还回家教父母洗手洗脸，逐渐改变了村民的卫生习惯。

“学生有了一定的文化素养，有了良好的生活方式，有了开放的视野，才有改变贫穷面貌的信心。”谢彬蓉说。

除了语文、数学、道德与法制等课程外，谢彬蓉还给学生开设了体育、音乐、美术、书法等课程。2020 年年初，受谢彬蓉感召，退役军人倪洪洋也来到扎甘洛村，与她一起支教，让孩子们有了象棋、围棋、电影欣赏等课程。

刚来时，倪洪洋发现，孩子们对山外的世界了解很少，城里孩子司空见惯的东西，对他们来说都太抽象，难以理解。他说：“开阔视野的课程上起来比较难，但也从另一个方面凸显出开设这些课程十分必要。”

孩子们基础差、学得慢，谢彬蓉他们就一遍又一遍带着孩子们复习巩固，时间不够，就利用晚上、周末给孩子们补课。他们还带领孩子们排练节目，参加“六一”儿童节会演，带领孩子们一起包粽子、做糍粑，带领孩子们去西昌、重庆等地参观游学，见识大山外面的世界。

今年已上五年级的孩子们，阅读兴趣高涨，图书角的图书总在流动之中。他们用画笔描绘着家乡的美好模样，他们的作文里充满了奇妙的想象。谢彬蓉给每个孩子都颁发奖状，“纪律之星”“体育之星”“进步之星”等，让孩子们充满自信、不断成长。

“每个孩子都有优点，每个孩子都应该被鼓励，他们是我们的未来。”谢彬蓉说。

看到孩子们的成长，就有坚持下去的动力

感冒喷嚏一个接一个，手指被车窗玻璃夹了，脚掌被钉子钉了，依然要回到山上，因为要开学了。暑假结束，谢彬蓉不顾伤病，告别家人，回到了大凉山。

女儿在上海，丈夫在重庆，谢彬蓉和家人长期分离。她像只候鸟一样，只能在寒暑假与家人团聚。她说：“孩子们需要我，这点奔波算个啥。”

谢斌蓉在给学生上课（受访者提供）

在一次次往返间，扎甘洛村也在发生巨大变化，泥土路变成了水泥路，群众搬进了新居，校舍也在原来的土坯房旁新修成了一间板房，村里有了“一村一幼”幼教点，“学前学会普通话”不再是难事。

虽然条件依旧十分艰苦，但相比几年前，已经好了很多。回望几年前的扎甘洛村小学，谢彬蓉

记忆犹新：山里的冬天特别冷，土坯房的窗户没有玻璃，盖三四层被子也不暖和，早上起床，连门闩都被冻住了；夏天雨多，房子经常漏水；老鼠不怕人，晚上在房间里跑来跑去，吵得睡不着觉，甚至还有毒蛇爬进房间……

“虽然条件艰苦，但孩子们需要我，被需要也是一种幸福。”谢彬蓉说。

一次寒假，谢彬蓉收拾好行李，准备下山与家人团聚。这次行李多了一些，包袱比较大，有村民看见了，以为她再也不回来了，就站在她门前，掉着眼泪，用不太利索的汉语反复说：“我们娃娃需要您，请您留下来。”

她告诉村民，寒假之后一定回来。后来在回家的路上，她又陆续接到村民打来的电话，请她一定要回来。谢彬蓉感慨万千：“家长们从最开始在课堂上把娃娃叫回去帮忙干活，到现在担心娃娃没老师教，这个转变是巨大的，他们已经意识到教育的重要性，凉山教育大有希望啊！”

谢彬蓉如期回到扎甘洛村，孩子们和家长们才放下了心。他们渴求的眼神，也让谢彬蓉更加坚定了自己的教育梦。

今年上半年，因为受新冠肺炎疫情影响不能按时返校，谢彬蓉依然通过在线教学，帮助孩子们坚持学习。直到全员返校，孩子们没落下任何一堂课。

“我们一天天长大，你们却一天天变老，希望接下来的日子，能让你们过得开心！祝你们教师节快乐！”2020 年 9 月 10 日一早，本是晨读时间，谢彬蓉一踏进教室，孩子们就整齐地朗读写在黑板上的祝福。声音响亮整齐，显然是精心排练过的，这淳朴而真挚的“礼物”，是一份巨大惊喜，让谢彬蓉感动得落泪。

“看到孩子们每天成长，就有坚持下去的动力。”一说起孩子们，她的眼里就闪着特别的光芒，笑容也绽放在她的脸上。她说，几年前，孩子们连普通话都不会说、听不懂，现在他们都已经变成明事理、懂感恩的大孩子了。她感觉自己来对了，在帮助孩子们健康成长的同时，实现了自己的人生价值。

［短评］

在祖国最需要的地方发光发热

全国道德模范谢彬蓉，从部队退役后，毅然奔赴条件艰苦的四川大凉山坚守支教。寒来暑往，她用无怨无悔的辛勤付出，为贫困孩子送去了知识，点燃了希望。她在祖国最需要的地方发光发热，书写了热爱人民、执着梦想的华彩篇章。

把个人的理想追求融入党和国家事业之中。保家卫国、教书育人，都是事关党和国家长远发展的大事业，谢彬蓉自小立志从军、从教，把自己的前途和命运与党和国家的发展紧紧地融合在了一起。当祖国需要她从军时，她义无反顾地参军入伍，把自己的一切奉献给祖国边防事业，大校军衔、高级工程师，反映出她为国防事业作出的贡献。她刚退役，转身又投入到了脱贫攻坚这场硬仗之中，既是大凉山脱贫攻坚的见证者，又是冲锋在最前线的参与者，她真正把自己融入了时代洪流之中。

不忘初心、牢记使命，甘愿为党和人民奉献一切。“我当初是从四川师范学院毕业参军入伍的，所以我本来就该是一名教师。”谢彬蓉从未忘记自己的梦想，从军20年，依然希望用自己的专业本领回馈社会，回报党和国家的培养。她不惧大凉山条件艰苦，主动要求到群众最需要的地方去。因为“孩子们需要我”，她就义无反顾地扎根大山深处，用自己的辛勤付出，帮助孩子们用知识改变命运。

在服务人民中实现人生价值。扶贫先扶智，治贫先治愚，教育是阻断贫困代际传递的根本。谢彬蓉的到来和坚守，打破了扎甘洛村“越穷越不要教育，越不要教育越穷”的怪圈，让村民意识到了教育的重要性，她不仅教给孩子们课本知识，帮助孩子们发掘自身潜能，还让他们努力去探索更广阔的世界。“被需要是幸福的”，谢彬蓉在服务人民中实现人生价值，为各行各业作出了优秀示范。

（周洪双　李晓东）

“咱当过兵，心里那股正气不能丢”

——记第七届全国道德模范、河北省石家庄市无极县个体经营户吕保民

“我就是干了一件大家都会干的事，我就是一个很普通的人，跟以前没什么不同。”

扫码观看吕保民专题片

“身在市井，从未曾放下心中豪情。曾经军旅，危急时刻于人群中挺立，见义而勇，无所畏惧。”两年前，闹市中的那一次挺身而出，让全国道德模范、河北省石家庄市无极县退伍军人吕保民的名字传遍大江南北。

两年过去了，吕保民的生活早已归于平静，当年受伤的后遗症，让他无法再从事曾经红火的生意，如今的吕保民，在一家工地担任安全员。“咱当过兵，心里那股正气不能丢！”在吕保民心里，自己不过是在危急时刻，做了该做的事。

路遇歹徒挺身而出

2018 年 9 月 8 日早上 7 点，无极县东中铺村幸福街上的早市像往常一样人声鼎沸。和妻子赵敏卿经营鸡蛋批发生意的吕保民，正打算将鸡蛋搬到货主的车上。

“你干吗？有人抢劫啊！”突然，一阵尖锐的喊声传来，吕保民循声望去，发现不远处一名妇女正死死扯着一名背包男子，旁边一位青年则一边护着女子，一边和男子撕扯。

“什么事不能好好说，别动手！”吕保民赶过去试图拉开双方，却眼见那名青年慢慢倒在地上，白 T 恤上满是鲜血，背包男子手握染血的刀，面色凶恶。

“你干什么，快把刀放下！”男子扭头欲逃，吕保民一个跨步拽住他的背包。男子发狂般挥刀乱刺。曾在北京武警部队服役 4 年多的吕保民伺机从背后抱住男子，并死死扭住他持刀的右臂。

谁料，穷凶极恶的歹徒竟然将刀转移到左手，猛刺吕保民的胸腹部，鲜血瞬间染红了吕保民的衣衫。

男子趁机拔腿逃跑，吕保民紧追不舍，浑然不顾身上的刀伤。这时候，围观的人们相继加入追击的队伍，最终将歹徒成功制服。而此时，吕保民早已浑身发软，连呼吸都觉得艰难。

对赵敏卿来说，这短短十几分钟，却像一辈子那么漫长。等吕保民捂着腹部的伤口，脚步踉跄地返回鸡蛋摊时，赵敏卿觉得天都塌了。

之后，吕保民接受了两次手术，在重症监护病房待了 10 余天，前后住了半个多月院才脱离危险。医生说，吕保民一共中了 5 刀，背部一处，腹部一处，胸部 3 处，其中右胸部肋骨骨折，左下侧腹部刀口最深，多处肌肉断裂，最凶险的还是血气胸，差点就救不回来了。

心存正气古道热肠

吕保民的挺身而出引起了轰动，诸多荣誉接踵而至。“石家庄市文明公民标兵”“河北省见义勇为英雄”“全国道德模范”……吕保民的名字一时间传遍了祖国大江南北。

吕保民出名了，上门采访、探视的人络绎不绝，他成了大家眼中的英雄。而在昔日的战友和乡亲们看来，吕保民的所作所为一点都不意外。

“怎么劝也不听，他就是这样一个啥事都爱管的人。”说起丈夫吕保民，赵敏卿话中难掩自豪，也透露着担忧。

过去，村里婚丧嫁娶都在自家院子里张罗，焊一个大锅灶是“办事”的标配。而掌握电焊技术的吕保民便成了村里的“香饽饽”，谁

▶ 吕保民在操持农务（新华社发）

家有个喜事丧事，都会喊吕保民去焊个灶。“平时自家的生意就够忙了，但是谁家有个事，一叫他，他就去了。”赵敏卿说，自己很心疼吕保民的身体，想让他在家里歇歇，可是怎么也劝不住。

妻子眼里“闲不住”的吕保民也是战友和乡亲们眼中的“热心肠”。1986 年，16 岁的吕保民参军入伍，曾在北京武警九支队十四中队服役。高经理比吕保民晚一年入伍，其间多受吕保民的照顾。"保民就像我的亲大哥。"高经理回忆道，刚当兵那年他才 15 岁，生病了也不会照顾自己，晚上吕保民看他难受，不仅给他端水喂药，一遍遍地用热毛巾给他热敷，还主动替他洗衣服。训练中，吕保民看他们这批新兵动作做得不到位，便利用业余时间给他们辅导，带动全班形成了互帮互助的良好风气。

"他是个厚道人，热心肠在村里是出了名的。"刘永军是吕保民的发小。吕保民之前从事鸡蛋批发生意，早晨 5 点起床搬货，挣的是辛苦钱。当刘永军生意周转经营需要资金时，吕保民二话不说拿出自己攒了半辈子的积蓄。"连借条也不要我打，他人品太好了，我心里非常感激。"刘永军说。

"保民啊，特热心。"吕保民的老邻居何立强总是亲切地说，"保民总是说得少，做得多，谁家有个事都愿意找他商量商量。"

在熟悉吕保民的人眼里，他天生一副热心肠，心里有股正气，挺身而出勇斗歹徒这事儿，发生在他身上一点也不意外。

淡泊名利豁达自然

两年过去了，当年的事情已逐渐淡出人们的视野，吕保民的生活也早已恢复了平静。牛仔裤、黑毛衣、运动鞋，个头不高，脸庞黝黑，50 岁的吕保民属于走在人堆里就找不出的那类人，普通得不能再普通。曾经的轰动和荣誉，在他看来也不过是生命中的一段插曲，他从未想过借此给自己争点什么。而村里的乡亲们在茶余饭后聊天时，还会常常提起当年的那件事。

再回顾当年的事儿，吕保民告诉记者，作为一名当过兵的人，“我就是干了一件大家都会干的事，我就是一个很普通的人，跟以前没什么不同。”

然而，很多人不知道，吕保民的身上至今还有着五道如同蜈蚣一样的伤疤，每次丈夫换衣服时，赵敏卿看到都十分心疼。当年的事情伤到了吕保民的元气，无法再干重体力活，曾经红火的鸡蛋批发生意也停了。闲不住的吕保民在工地找了份安全员的工作，每天早上 7 点准时到工地上班，下午 5 点半下班回家。

“以前做鸡蛋批发生意，一年下来能挣二十来万元，现在连一半也不到。”但吕保民挺知足，曾经有媒体想帮他呼吁社会捐助，但都被他婉言谢绝。

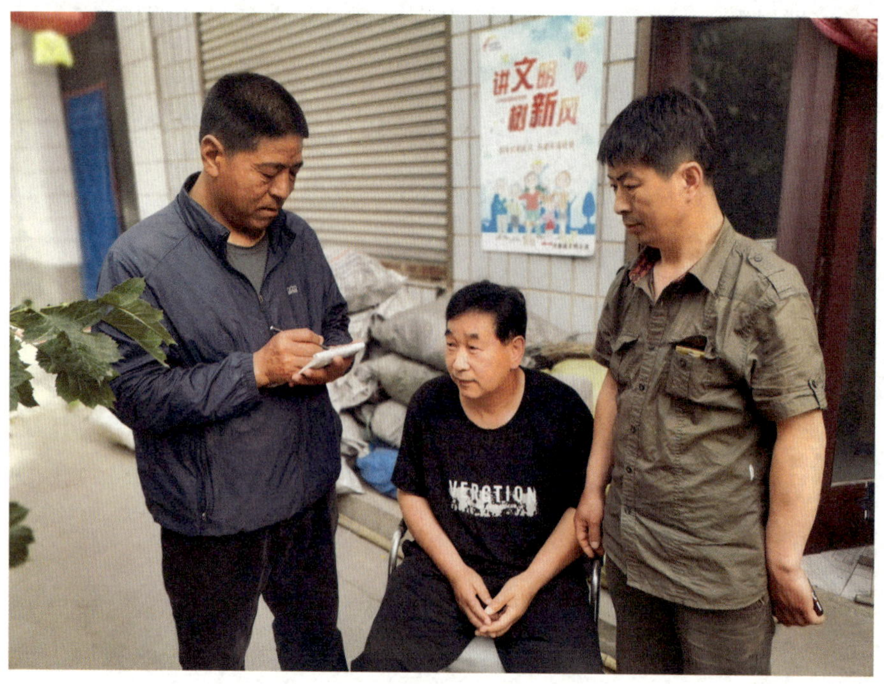

吕保民（左一）在登记村民信息（甄建坡摄）

“我的医疗费政府全额报销，家里子女都独立了，日子过得去，还有什么不知足的呢！”吕保民的这份淡然，妻子赵敏卿也接受和理解，她知道，自己的丈夫就是这么个人，朴实又热心。

2020年春节期间，因为新冠肺炎疫情，村里要征集志愿者，协助封闭管理，吕保民听说后很快跑去报名，乡亲们担心他大冷天的身体撑不住，劝他好好在家歇着，可吕保民坚持要加入志愿者队伍。他晚上拿着电焊帮着焊铁网，白天在村口站岗执勤、巡逻、消杀……足足干了40多天没休息过。

在吕保民家的客厅里，挂有两幅字——“军旅情怀，永不褪色”“正气参天地，义勇照古今”。这是当初朋友为他题的，这样的评价也许正契合了吕保民心中那股正义正气。

【短评】

为平民英雄的壮举点赞

吕保民，一位年逾五旬的退役军人，在群众生命财产安全受到威胁的紧要时刻，不顾个人安危，挺身而出、见义勇为，赤手空拳与歹徒搏斗，虽身中数刀，仍对逃窜的歹徒穷追不舍，最终和热心群众一起将歹徒制服。身负重伤的吕保民，经抢救后脱险。他的英雄壮举，感人肺腑。

是什么让这位平民英雄面对持刀歹徒无所畏惧？是什么让这位退役军人为保护群众生命财产安全挺身而出？吕保民作了这样的回答：

“当兵的第一天，我就牢记，军人的宗旨是为人民服务。从那时起，我就把正义二字刻进我的骨子里。就像我的名字一样，保民，保民，就是要保护人民群众的平安。”吕保民是这样说的，也是这样做的，他退役不退志、退伍不褪色，始终做到心中有国、心中有民、心中有责。正是这种融入血液的为民初心，挺起了危急时刻保护群众的英雄义举、浩然正气。

吕保民是社会主义核心价值观的模范践行者，是新时代退役军人的优秀代表，是时代无数平凡英雄的缩影。他用奋不顾身、舍己救人的责任担当，用淡泊名利、甘于奉献的质朴情怀，谱写了一曲新时代的英雄之歌。我们要为吕保民这样关键时刻站得出来、敢于斗争的英雄行为由衷点赞！

（耿建扩　陈元秋　赵元君　石梓鲜）

“我只是做了该做的事，无怨无悔”

——记第七届全国道德模范、中国铁路成都局重庆车务段荣昌站车站值班员徐前凯

“救人的举动是发自本能、出于本心的选择，我从来没有把自己看作一名‘英雄’，更没有丝毫后悔。”

扫码观看徐前凯专题片

九月的山城重庆秋高气爽，天气已然微凉，但是在小区楼下的花园里，在妻子和儿子的陪伴下，第七届全国道德模范徐前凯仍然在满头大汗地练习走路，一步步适应自己右腿上穿戴的义肢。

时间回溯到 2017 年 7 月 6 日。当天，中国铁路成都局重庆车务段荣昌站车站值班员徐前凯正在进行调车作业，铁道上突然出现一位老人。千钧一发之际，徐前凯飞身冲上钢轨，奋力救下了老人，自己却永远失去了右腿。从看见老人到救下老人，整个过程不足十秒钟。

“我只是做了我该做的事，无怨无悔。现在唯一考虑的，就是如何重新习惯走路，如何重新开始人生。”徐前凯笑容爽朗，在生死抉择的瞬间，他纵身一跃、奋不顾身勇救老人的义举，映射出耀眼的生命光芒，谱写了一曲感人肺腑的正气之歌。

“一朝当兵一生为民，当兵为人民是无条件的”

1987 年，徐前凯出生在一个传统的铁路工人之家。18 岁时，由于深受铁路民警罗云山烈士影响，他参军来到云南省军区边防某连服役，成了一名义务兵。

“因为当时身体比较瘦弱，所以在刚入伍时，战友们给我取了个外号叫‘小米渣’。我心里很不是滋味，为了成为一名合格的战士，一有时间我就拼命训练。”回忆起刚入伍时的故事，徐前凯脸上浮现出淡淡的笑容。

在时任徐前凯所在边防连队连长刘波涛的印象中，刚入伍时的徐前凯，因年龄小、底子薄，在军事训练中算不上优秀，但他有一股不轻言放弃的坚持。“我们属于条件比较艰苦的连队，山区的道路不仅崎岖，还是泥巴石子路。有一次下山时，徐前凯不慎崴了脚，但一直都没说出来，跟着队伍一瘸一拐地向前跑，最后坚持跑到目的地。”

功夫不负有心人，不到半年，徐前凯的体能科目全部达优，长跑、器械测试还经常杀入前三名，他不仅让全连官兵刮目相看，更成为当年的模范标兵。后来，大家都不叫他“小米渣”，而叫他“小超人”。

当兵不到一年，徐前凯因为表现突出，被选派到连队队部班当通信员，主要任务是上传下达命令指示，保障通信线路畅通。有一天，他奉命带两名战士外出检修电话线路故障，途中遭遇雷雨天气，3 人都没有带雨衣，修还是不修？雷雨天往高处爬的危险谁都清楚，但徐前凯坚持要修：“这种天气无线通信可靠性差，如果电话再不通，可

徐前凯与妻儿在一起（光明图片）

能要误大事，你们没有我熟悉情况，我一个人上！”说着叫两名战友避到远处，自己却冒雨爬上了电杆，最终安全排除故障。

当兵两年，徐前凯凭着过硬的综合素质，不仅入了党，还被评选为“优秀士兵”，这在同年兵中是罕见的。

“一朝当兵一生为民。在边防线上，我是个兵；在铁路线上，我同样是个兵。当兵为人民是无条件的。”徐前凯表示，云南边防连队生活给了他意志的磨砺、党性的锤炼，是他人生宝贵的课堂。

“任何一个善良的人都不会无动于衷”

2008 年 9 月，徐前凯从部队退伍，分配到遵义车务段工作。2016 年，调入重庆车务段荣昌车站，在小寨坝站、天台站、盘脚营站，徐前凯的工作从连结员到助理值班员再到车站值班员。

徐前凯近照（受访者提供）

据徐前凯的同事陈周锐讲，在工作生活中，徐前凯始终是个热心人，不仅在同事有急事时主动替同事顶班上岗，还在车站停水时，将自己的矿泉水送给车站食堂……在多年的工作中，徐前凯深受同事和乘客们的信任和喜爱，并多次荣获车务段“安全生产标兵”“先进生产者”称号。

2017 年 7 月 6 日，是徐前凯人生中一个刻骨铭心的日子。当天下午，徐前凯在推进列车前端和同事进行调车作业。“列车大约运行到车站联络线道岔处时，我突然发现前方不远处一名动作迟缓的老人正在横穿铁道。我急忙向司机发出停车指令，然后大声地呼喊，并使劲吹响了口笛，可是老人并没有任何躲闪的迹象。”徐前凯说。眼看老人近在咫尺，他跳下车冲向老人，用尽全力抱住老人使劲向铁道外一推。

由于距离太近，救人过程中，徐前凯在侧身旋转用力时，右腿未及时抽回，被火车车轮无情地轧过。据现场目击者、村民吴开华回忆：“那个穿工装的小伙子从火车上跳下来，跑过去拉老婆婆，第一次没拉动，第二次又上去才把她推出来，结果自己没跑开，火车从他腿上轧过去。其实他是可以躲开的，但还是选择了再次救人。”

事故发生后，徐前凯和老人都被送入医院。经检查，老人只有轻微擦伤，徐前凯则需要进行截肢手术，手术在当天下午进行，从右腿膝盖上方截肢。住院、做手术、截肢、治疗、康复……很长一段时间里，徐前凯在病房经历了前所未有的煎熬。

“其间，组织的关怀，给我带来了莫大的鼓舞和战胜病痛的勇气和信心。”徐前凯表示，社会给了他“英雄”的称号，但他想说，“当看到他人生命受到威胁时，任何一个善良的人都不会无动于衷。”

“重新站立，重新成为生活的强者”

为了早一天重新站起来、重新投入工作，手术后十天，徐前凯就躺着举起了哑铃，开始练习手部力量。第十八天，在父亲的搀扶下，他拄着拐杖试着走了几步，但因为适应不了平衡，走得有些跌跌撞撞。徐前凯说：“当时每天的康复训练，再苦我都咬牙忍住，再难我也坚持下去，我渴望重新站立，重新成为生活的强者。”

身体健全的人可能没有这个概念：穿戴义肢每走 1 公里路花的时间是四肢健全人的 5 倍，耗费的体力是常人的 2 倍。在那段刻骨铭心的日子里，光是用来训练手部力量的拉力带就被徐前凯拉断了两条。徐前凯表示，如今他已经可以穿戴义肢和借助拐杖进行一些正常的行走，生活已能基本自理。

中国铁路成都局重庆车务段党委副书记汤献忠说：“作为一名 29 岁的党员职工，在关键时刻想到的是别人，这种舍己救人的精神值得大家学习和发扬，徐前凯不仅是荣昌站的骄傲，也是所有人学习的榜样。”

事情发生后，多家媒体争相报道徐前凯舍己救人的事迹，引起强烈社会反响。徐前凯先后荣获全国向上向善好青年、重庆市见义勇为先进个人等称号，被授予中国青年五四奖章，获评“最美铁路人”和第七届全国道德模范。

谈到收获的这些沉甸甸的荣誉，徐前凯表示，这些称号都将是自己继续前进的动力。“每次想到全国上下有那么多人在鼓励我、支持我，我的眼眶就不自觉地湿润起来，特别想早些回到工作岗位，让大家安心。此外，这么多年一直忙惯了，一闲下来其实特别不适应，目前我正在参加网络课程，学习大专课程，自修铁道交通运营管理（高速铁路）专业。"徐前凯告诉记者，我国的铁路发展日新月异，如果不学习，离岗位久了就会与工作脱节。

坚毅的性格、良好的表现也让徐前凯收获了爱情。2018 年 8 月 17 日，徐前凯迎来人生重要的日子：他和恋人登记结婚了。如今，他们的宝宝已经一岁多，初为人父的徐前凯提及儿子，总是满脸笑容。

徐前凯告诉记者，现在孩子还小，对很多事情还没有概念。等孩子长大记事了，他会把自己这段经历认真地讲给儿子听，从小就培养儿子助人为乐、见义勇为的品德，不论是在什么样的工作岗位，都要努力干出不平凡的业绩。

"救人的举动是出于本能、发自本心的选择，我从来没有把自己看作一名'英雄'，更没有丝毫后悔。"徐前凯说，作为一名铁路人，他现在最大的愿望就是自己恢复得更快一些，早日重回工作岗位，为广大旅客的安全出行作出自己力所能及的贡献。

【短评】

以榜样之光点亮前行之路

人们常常问生命的意义何在，徐前凯用瞬间的选择给出了自己的回答。面对列车驶来时横穿铁道的老人，徐前凯毅然跳下火车，用一条腿换回一条命。瞬间的选择，映射出舍己救人的道德光芒，彰显出舍生取义的崇高精神。"来不及多想，救人！就这么简单。"仅仅五秒钟，在生死攸关之时，徐前凯的选择彰显了一名共产党员的奉献精神和无畏勇气。

别人正处险境，我们尽量去帮；有人摔倒在地，我们应该去扶——相助相携是中华民族的优秀传统。徐前凯的义举生动演绎了传统美德，让我们看到我们身处的这个时代，充满着昂扬向上的精气神，充盈着满满的正能量。

伟大时代需要伟大精神。和平年代的伟大精神往往蕴藏在千千万万普通劳动者身上，他们默默无闻、艰苦付出、不求回报。徐前凯很平凡，他就是我们寻常人中的一员。但他又不平凡，在他舍己救人那一瞬间，整个重庆乃至中国，都能感受到人性的温暖。

工作中的徐前凯，认真负责，踏实勤恳，无私奉献，始终保持强烈的责任感；生活中的徐前凯，待人谦和，孝顺父母，是父母心中的好儿子，是朋友身边的好小伙儿。在徐前凯的身上，我们看到的不仅是见义勇为的英雄气概，也是一个平凡小伙子乐于助人、甘于奉献、敢于担当的新时代青年闪光品质。

平凡中的伟大温暖人心，身边的榜样更加可亲可敬。新时代属于每一个人，每一个人都是新时代的见证者、开创者、建设者。以榜样之光点亮前行之路，社会必将更加温暖和谐，凝聚起更加磅礴的奋进力量。

（訾谦）

点燃高原牧民希望的火把

——记第七届全国道德模范、西藏阿里改则县抢古村党支部书记尼玛顿珠

“坚决打赢改革试点攻坚战，为牧区改革发展蹚出一条新路子。”

扫码观看尼玛顿珠专题片

提起西藏阿里，许多人脑海中浮现出的是，壮美的神山圣湖、闻名于世的古格遗址、威猛的野牦牛、灵动的藏羚羊。但真正走近这片平均海拔 4500 米以上的高原大地，会发现美景背后是高寒缺氧等严酷的生存现实。

由于自然气候恶劣和生产方式落后等诸多原因，在被誉为“世界屋脊的屋脊”的阿里地区，千百年来，绝大多数牧民沿袭着“日出而作、日落而息”“靠天放牧、逐水草而居”的传统生活。然而，总有人不甘寂寞，改则县抢古村党支部书记尼玛顿珠就是其中之一。

为了让抢古村的人们过上幸福的好日子，尼玛顿珠一直奋战在脱贫攻坚战役的第一线。5 年来，他充分发挥村党支部的战斗堡垒作用，带领全体村民大胆改革创新，不断拓宽增收渠道，成立牧民集体经济合作社，推动粗放落后的牧业生产向集约化、产业化、现代化经营发展，点燃了高原牧区改革的一把火。

党的好政策，敲开了牧民群众致富的大门

初秋 9 月，牧草披金。当记者在抢古村见到村党支部书记尼玛顿珠时，他刚刚参加完在拉萨召开的西藏自治区成立 55 周年座谈会归来。尼玛顿珠脸上带着藏族牧民特有的质朴笑容，“抢古村从糌粑吃不饱，到家家建新房，户户有存款、余粮，这正是西藏成立 55 周年发生翻天覆地变化的一个缩影。说到底，是党的好政策，敲开了咱牧民群众致富的大门。”

今年 55 岁的尼玛顿珠，祖祖辈辈生活在抢古草原上。“记得小时候实行分配制，一家 9 口分得的糌粑根本不够吃，母亲把冬宰时风干

▶ 尼玛顿珠（中）在接受光明日报记者采访（光明图片）

的一点牛羊肝肺磨成粉，和着糌粑一起吃。尽管难以下咽，但能勉强填饱肚子。”

抢古村地处国道 317 沿线，藏北羌塘草原腹地。除了海拔高、自然条件恶劣的不利因素外，群众普遍受教育程度低、劳动技能差，全村 73 户 290 人日复一日靠放牧维持生计。放牧—出售畜产品—换取糌粑等生活必需品—放牧，周而复始……如何才能打破这样的循环，让大家伙手里有些现钱？ 1998 年被选为村干部的尼玛顿珠经常思考这个问题。

在党中央的关心支持下，数十年来西藏发生了历史性巨变。特别是在以“两个长期不变”政策为基石的农村产业政策下，西藏广大农牧民群众享受了比内地更加优惠的富民政策，极大地解放了农牧区生产力。“有这么好的政策，我们不能再等靠要了，首先要转变观念、主动作为，不断拓宽牧民增收渠道。”尼玛顿珠说。

瞅准城市建设的热潮，2007年尼玛顿珠带着6名牧民成立了一支施工队。2008年夏天，政府划拨资金为改则县牧民建设标准化羊圈，其他村都是请外地施工人员建设，而抢古村实现了自建。当年，抢古村的劳务收入达到15万元，这是全村第一次有了牧业之外的村集体收入。接着，抢古村利用政府出台的农牧民贷款、税收等优惠政策，分别在2012年、2013年投资开办茶馆、商店、洗沙场、农机修理厂……全村从过去依靠单一传统牧业发展到现在多种产业并存，取得了可观的经济效益。

这些看似细微的转变，却让商品观念、市场意识在抢古村牧民心中扎下了根。

牧民变股东，就像把草拧成了一股绳

“坚决打赢改革试点攻坚战，为牧区改革发展蹚出一条新路子。”这是2015年担任村党支部书记的尼玛顿珠向组织和全体村民作出的郑重承诺。当时阿里地区决定在改则县进行牧区改革试点，尼玛顿珠主动申请将抢古村作为试点村。“那时我们村有49位贫困村民，贫困面约20%，牧民们强烈渴望早日摆脱贫困。另外，全村基层组织坚实有力，为改革试点奠定了良好的基础。”尼玛顿珠说。

尼玛顿珠积极发挥村党支部的战斗堡垒作用，在充分调研摸底的基础上，抢古村将零散的专业合作组织整合为“抢古村牧民集体经济合作社”，在政府引导、群众自愿的原则下，全村85%的牧户以牲畜入股、劳动力入股、联户放牧、草场流转的方式参与合作运营，实行劳动力、草场管理、畜产品购销等“六个统一”，建立起符合实际的牧业改革新模式。

改革试点的第三年，全村收入实现了翻番。2019年，合作社总收入达531.9万元，实现利润389.6万元，入社社员人均分红5万多元。此前部分对改革心存疑虑的牧民，主动加入了合作社。

曾经的贫困户洛桑感慨道：“改革前，我们两口子依靠农村低保和政策性补助过日子，喝不起酥油茶，每年只有两三只过冬羊。2019年，我们一次性拿到了6万多元的现金分红，生活也更有盼头。”

新的改革模式让每个牧民成了股东，促进了牧户与村经营主体“联产联业”“联股联心”，增强了村民集体意识、合作意识和市场意识，实现了由过去分散式、粗放式经营向集约化、规模化经营的转变。

尼玛顿珠说：“这就好比把草原上的草拧成了一股绳，变得更有力量了。”

做大做强产业，让群众致富增收的步子迈得更快更稳

2019年9月，距离抢古村不远处的草原上，一座现代化的牛羊肉冷冻库拔地而起。

在尼玛顿珠的争取下，政府投资600多万元在抢古村建起了冷链物流产业基地，冷库最大库容32吨，可一次性集中容纳2370个绵羊单位牛羊制品，解决了牲畜四季出栏冷藏和物流等问题，促进了畜产品加快流通，提高了牲畜出栏率和商品率。

“过去，牧民都是在冬季集中宰杀牲口后各自运到城市售卖，现

在牧民随杀随卖，等于是把市场建到了自己村头。”尼玛顿珠说，冷链物流基地建成后，辐射带动了物玛、麻米2个乡6个村的牲畜出栏。

从生产、经营到销售，抢古村牧业产业发展的路径被一一打通。通过“基地＋合作社＋牧户”模式，有效带动了群众稳定增收致富。2019年全村人均收入达到1.6万元（不含政策性补助），在全县率先实现整村脱贫摘帽。这是抢古村脱贫攻坚的重大胜利。

昔日一个贫穷落后的牧业小村，在短短几年里换了新颜。

作为“牧改第一村”，尼玛顿珠带领村民大胆进行牧业改革取得的成功经验，被复制推广到全西藏的牧区。2018年，尼玛顿珠被党中央、国务院授予全国“改革先锋”称号，2019年又荣获第七届全国道德模范和“最美奋斗者”称号。

抢古村，藏语意为和谐村。面对未来，尼玛顿珠说：“下一步，

尼玛顿珠（左二）在接受光明日报记者采访（光明图片）

全村还将依托科技和畜牧业优势资源，做大、做强产业规模，把牧业改革引向深入，创造更加富裕和谐的新生活。”

【短评】

苦熬，不如苦干

在平均海拔4500米的西藏阿里，经常可以听见这么一句话：“在这里，躺着都是一种奉献。”当然，这只是当地干部对在极高海拔生活、工作面临艰难和挑战的一句戏言。

但在人均寿命只有70.6岁的世界屋脊，有人选择了苦熬，也有人选择了苦干。两种不同的态度，意味着完全不同的人生。苦干，不能延长生命的长度，却可以增加生命的厚度。

抢古村党支部书记尼玛顿珠，无疑是选择了后者。在自然生存条件恶劣、经济发展条件有限的藏北羌塘草原，他“不等、不靠”，敢闯敢干，带领全村干部群众大胆改革，以牧业产业化发展为基础，创新“四个入股”“六个统一”的牧业生产经营模式，拓宽群众增收渠道，打破了牧民沿袭千前的生产生活方式，开启了高原牧区改革的新征程。

对于仅有小学文化程度的尼玛顿珠，他的人生没有“豪言壮语”，有的只是对美好生活的渴望和脚踏实地的奋进精神。自从2015年抢古村组建“牧业集体经济合作社”，在全县率先实行牧区改革，尼玛顿珠从征求改革方案，到构建“基地+合作社+牧户”产业化平台，健全合作社管理办法，再到制定社员工分制、分红细则等，马不停蹄地工作，全身心地投入到牧业改革的各个环节。村民形容他是“一头永不知疲倦的野牦牛”。

“勤奋蹄的牦牛，才能吃到最肥美的牧草；擅扬鞭的牧人，才能喝上最甘甜的牛奶。”这是尼玛顿珠最爱说的一句话。抢古村 5 年的牧业改革，尼玛顿珠几度寒暑的付出，不仅改变了家乡面貌，更改变了当地牧民陈旧的观念和落后的生产生活方式。

苦熬熬不出新生活，幸福的人生只能靠奋斗。如果说，一个人的奋斗和汗水，可以守得春暖花开，那么亿万人的奋斗和汗水，则可以浇灌出更加富饶的美丽中国，创造出更加精彩的中国故事。让我们以尼玛顿珠这些奋斗者为榜样，不忘初心、牢记使命，涵养家国情怀、激扬奋斗精神，向着中华民族伟大复兴的光辉彼岸坚定前行。

（尕玛多吉）

“看着学生们一天天成长，那是一种幸福”

——记第七届全国道德模范、大连海事大学马克思主义学院教授曲建武

“我有 38 年从事学生工作的心得和经验，哪怕能影响到一个人，就不枉此行。”

扫码观看曲建武专题片

“我打心眼里觉得天底下最好的职业就是老师，尤其是做一名辅导员，给学生上思想品德课，看着学生们一天天成长，那是一种幸福。”第七届全国道德模范、大连海事大学马克思主义学院教授曲建武说。

在海大，曲建武的理论课堂从不点名，却总是座无虚席；每到学生生日，他都会发去一份少则几百字，多则上千字的祝福以及叮嘱，学生由衷地称他为“我们的父亲”。

尽管年逾六旬，但是对教书育人岗位的热爱，让他依然满怀激情、不知疲倦。对学生的爱、对思想政治教育工作的爱，早已融入他的血液之中。

假如再让我选择一次，我还会做一名辅导员

“我有 38 年从事学生工作的心得和经验，哪怕能影响到一个人，就不枉此行。”最近两年，曲建武先后获得“全国时代楷模”“第七届全国道德模范”“最美奋斗者”“万人计划教学名师”等荣誉称号，来自全国各地的邀请纷至沓来，只要时间允许，曲建武都不会推辞，面对记者采访，他如是说。

从辅导员到学生处处长，再到校党委副书记，直至辽宁省委高校工委副书记、省教育厅副厅长，38 年来，曲建武的职务一直在变。但是他的初心始终没有变过，不论在什么岗位，在曲建武内心深处，最牵挂的始终是学生。

曲建武对教师情有独钟，填报志愿时，他毫不犹豫地报考了师范学院，他本打算去西藏做一名教师，因为分配时没有计划便没有如

愿。1982 年，曲建武留校担任辅导员后，他决心要做一名优秀的辅导员。因为对学生工作的爱，他投入满腔热情，和学生们同吃、同住、同乐。他当年的工作手册上，详细记录了每一位同学的情况，包括家庭、学习、个人特长喜好等。

2013 年，曲建武做了一个谁也想不到的决定。那时，他是辽宁省委高校工委副书记兼省教育厅副厅长，可他却执意返回校园，一心只想重新站上三尺讲台。他的这一决定令很多人错愕，至今仍有人不理解，但对曲建武来说，这并非冲动，而是酝酿已久——回到思想政治教育一线、回到学生当中，这个念头一直萦绕在他心中。“2013 年我 56 岁，正好可以带一届学生，再迟就来不及了。”曲建武说。

“学生们需要更多贴心的辅导员。青年代表着未来、代表着希望，我无论在什么位置上，想的都是能不能回到学生当中，在辅导员的岗

曲建武（中）与学生们在一起（新华社发）

位上画上职业生涯的句号。”在曲建武看来，没做过辅导员工作的人，不会理解这份工作对人生的意义。没有正确的价值观，学生怎能实现人生的幸福？而辅导员、思想政治理论课教师，正是帮助学生树立正确价值观的关键一环。

如今谈起2013年的那个决定，曲建武依然很坚定：“当辅导员是我的看家本领，我愿意帮助青年学生‘扣好人生第一粒扣子’。大学里那么多的学问要研究，辅导员育人是尤其高深的学问。假如再让我选择一次，我还会做一名辅导员。”

我会等你们，一直等到连一碗水也端不起来的时候

2013年，曲建武终于回到了心心念念的校园。辞去领导职务的他来到大连海事大学，做了公共管理与人文学院的一名普通辅导员。新生一入学，他就为自己所带年级的每一名学生建立了电子档案，并让学生写下自己的大学梦想和最关心的问题。他把自己的手机、微信向同学们公开，承诺24小时为同学们开机，他对同学们说：“我将伴随和见证你们的成长。”曲建武说到，也做到了。

他组织学生成立读书社，要求每个学生都加入其中，还多次到书店为学生选购了8000多元的人生励志书籍，并举办了多期读书报告会，帮助学生们养成多读书、读好书、好读书的习惯。

在这期间，曲建武倡导建立了中队爱心基金，自己每年出资10000元作为基金经费，解决困难学生回家的路费和生活上遇到的问题。了解到一名学生的母亲患了癌症，曲建武给了这个学生10000元，并在假期去看望这个学生家长；在微信中他得知其他学院的三个

学生的母亲、弟弟患了重病，他分别给了这三个学生 5000 元、10000 元和 1000 元……这样的慷慨解囊，不胜枚举。

“今天是你的生日，祝你生日快乐……”曲建武所带的 139 名大学生，每到生日当天，都会收到他一条特别的祝福短信。曲建武有一个本子，随时随地都带在身上，上面记录着学生的生日。无论是在学校里还是出差在外，每当有学生过生日的时候，他都会结合学生自身特点，送上一份生日祝福，嘱咐学生在大学里一定要好好发展，幸福快乐。每年的端午节，他还会给年级每位学生送上一份鸡蛋和粽子；中秋节，给每个学生送上一斤月饼；冬天，还会给每个学生送一箱苹果。

“正是在曲老师的影响下，我将辅导员定为自己的职业方向。”吐尔逊·肉孜是大连海事大学 2018 届的毕业生。来自新疆的他，毕业后在曲建武的影响下选择留校成为一名辅导员。闫沛兴来自西北山区，因为家庭贫困等原因，进入大连海事大学后总是愁眉不展，大一下半年甚至产生了退学的念头。在了解他的困境后，曲建武不远千里赶到了位于甘肃的闫沛兴家，拿出 50000 元为学生家翻修房子，帮他解决了后顾之忧。如今的闫沛兴在曲建武的影响下，立志要到西部、到祖国最需要的地方去工作。

“我会等你们，一直等到连一碗水也端不起来的时候，欢迎你们回来。”2017 年，曲建武带的 139 名学生毕业，在与学生的毕业聚会上，曲建武深情地告别他的“小伙伴们”，曲建武现场流泪的场景深深铭刻在学生们心中。

“曲导，我们爱您！”毕业会现场，学生们异口同声地说。

“有学生就有一切”

曲建武不只是在学校里关注着每一个学生，很多学生和他们的家长都说，曲老师对他们来说，已经不只是老师，还是知心朋友，甚至是亲人。

家访是曲建武从事学生工作以来坚持做的重要事情。20 多个省份，上百个家庭……只要有学生的地方，就有曲建武的身影，哪怕山路崎岖，哪怕日夜兼程。“这么多年的经验告诉我，家访对学生的教育助益很大。只要能走动，家访的路我一定要继续走下去。”曲建武说。

曲建武教过的学生无数，他们身份各异，但对曲建武来说，这些人只有一个身份——他的孩子。曲建武有个工作理念：每逢佳节倍思

曲建武在上课（受访者提供）

"贫"。他说，越是过节的时候，越是要想到生活困难的学生。节日里请困难学生集体吃饭，是他的生活常态。他曾向学生承诺："谁也不能饿着肚子来上课、饿着肚子要求进步。吃不上饭找我，有我吃的就有你们吃的。"

如今，曲建武还资助着大连海事大学和辽宁师范大学的孤儿学生，听说辽师的三个孤儿考上了研究生，曲建武为他们每人买了一台电脑。其实早在省里工作时，曲建武就心系孤儿学生，他曾完成一份3.5万字的调研报告，建议免除全省孤儿大学生的学费和住宿费，最终得到落实。

这两年，曲建武把自己的稿费、报告费、公众号打赏费等40万元，加上他个人以及多方筹集来的资金，几乎全部用于资助学生的学习和生活。他像父亲一样，成为学生坚实的靠山。"不是我有多少钱，而是我有多少情。"曲建武说。

不用等我，我写完这部分再说

"不用等我，我写完这部分再说……"2020年年初，一场疫情突如其来，从除夕夜到元宵节，从学校忙碌的背影到疫情期间的家庭办公，这是曲建武教授对家人说过最多的一句话。疫情隔离了他与学生面对面的交流，他却在云端开启了一堂堂生动鲜活的思政课。

除夕当日，阖家团圆时，曲建武以"关于新型肺炎的深思"为题，揭开一名理论工作者抗疫工作的序幕。接下来的每一天，他的公众号都会如约发布：《中国共产党是中国人民幸福的根本保证》《写给奋战在战"疫"中的"海大"志愿者的一封信》《再给大学生朋友写封信》……

一个多月的时间里，曲建武就撰写 10 余万字。

三年前，曲建武筹划建立爱心基金，基金的服务宗旨是“你为祖国服务，我为你服务”。2019 年大连海事大学建校 110 周年纪念大会上，曲建武将自己的稿费、报告费、公众号打赏费，以及筹集资金作为基础，设立了全国“时代楷模”曲建武励志基金，用以奖励那些表现优异的辅导员、思政课教师和大学生。

这次抗疫行动，大连海事大学有近 400 名同学做了“志愿者”，在知晓海事大学抗疫志愿者中有 90 多名家庭生活困难的学生后，曲建武在与学校沟通后，决定将“基金”中的 10 万元通过财务处给在防疫一线战斗的海大志愿者中的贫困生每人 1000 元作为奖励，为他们在疫情防控工作中解决燃眉之急。在曲建武的大力推动和相关部门通力配合下，大连海事大学不到一天时间就将补助全部发给贫困学生。“老师知道这对你们来说‘微不足道’，更不是你们的所求，此举旨在告诉同学们，为祖国服务的人，祖国不会忘记；那些关心祖国的人，必会得到关心。”曲建武说，“你们就应该成为新时代最可爱的人!”

疫情当前，困难学生和少数民族学生更是成为他的急中之急。于是，他给全校新疆少数民族学生和他授课年级家庭生活困难的学生发放 10000 元，用自己设立的励志基金给 10 个家庭生活特别困难的学生“设立”了每人 1000 元到 2000 元不等的“勤工助学”岗位，给 30 多个学生写了信，嘱咐他们在家好好学习，听从学校和当地组织的安排。他还给一个新疆籍的辅导员 2000 元，并给他写信，让他把抗疫期间新疆学生的思想政治教育工作做深、做细。

采访中，曲建武告诉记者，这项基金将进一步做大，吸纳社会资本参与，让励志基金发挥更大效能，激励更多的人投身到服务国家的行列中去。

【短评】

教书育人是他报答党和人民的最好方式

“不忘初心”是曲建武一直挂在嘴边的四个字，作为高校一线工作者，他的初心和使命是什么？也许在别人眼里会有很多种答案。但在曲建武眼里，爱国许国为国，就是自己的初心；爱学生想学生为学生，就是自己的使命。正是这样的初心和使命，让他始终以爱国为中心，以关爱学生为半径，画出一个又一个辅导员与学生、理论课教师与学生、长者与学生的同心圆。

曲建武的学生们常说，做曲老师的学生真是太幸福了，因为曲建武一直真心爱着他的每一个学生，始终把学生放在心上，努力成为学生们有困难最先想到的人。他是学生们的“代理家长”，他待生如子，用一片真心，做学生健康成长的指导者和引路人。

工作近 40 年，曲建武始终情系学生，他深深热爱这项工作，正是这份爱让他主动辞去领导职务，毅然来到大连海事大学教书育人第一线，做一名普通思想政治理论课教师和本科生辅导员，把自己的学识和心血奉献给学生与课堂。

尽管很多人担心他的身体，但曲建武却说：“我都六十多岁了，能为国家和社会做点事，是我最大的快乐。如果身体允许，我要把余热全部奉献给社会。”

在离学生们最近的辅导员岗位上，曲建武无怨无悔地把一切献给了学生。他以对教育事业的热爱、对思政工作的坚守、对青年学生的关心谱写了一曲新时代的园丁赞歌。

（吴琳　吴江涛）

一辈子造绿守绿护绿

——记第七届全国道德模范、青海省海东市蔡家堡乡原护林员李洪占

“我能动一天就种一天树，树林就是我给后人留下的念想。”

扫码观看李洪占专题片

“我们后湾村有4条沟、8个岭、18面坡，能种上树的地方我基本都给种上了……”87岁的全国道德模范、青海省海东市互助土族自治县蔡家堡乡后湾村原护林员李洪占回忆着峥嵘岁月。60余年来，他在家乡的荒山秃岭间种下了133公顷8万余株各类树木，成为远近闻名的“种树老人”。

如今，山已成林，树已成荫，后湾村从山上搬迁到山脚下条件更好的塘川镇，李洪占也随家人搬迁到这里。从老村子到新村镇，李洪占还是穿着那件种树的衣裳，要么种树浇水，要么修枝剪杈，要么培育树苗，一天都没停过。“从山上搬下来有两年光景了，还是想种树，只要走得动，就要种下去！植树造林那是关系千秋万代、利国利民的大事。”李洪占说。

一个甲子的时光，曾经的翩翩少年已成为步履蹒跚的耄耋老人，李洪占用一把锄头、一副肩膀始终坚守着绿化家乡的梦想。64年的造绿、守绿、护绿，他终将昔日光秃秃的大山变成了如今苍翠的林海。

誓把荒山变绿海

“当年全村只有李积录家有两棵柳树，可宝贝了，用土墙和木板围着，生怕被弄坏了。”这是李洪占少年时对家乡绿色的记忆。

蔡家堡乡地处湟水北岸浅脑山地区，常年干旱少雨，风沙漫天。绿色在当年的后湾村实在是难得的景致。

荒山秃岭的家乡让23岁的李洪占萌发了种树的念头，但不知该如何下手。

“一个是干旱，另一个是缺苗。”当时由于没有树苗，李洪占去威

李洪占（左）在接受光明日报记者采访（光明图片）

远镇深沟村看亲戚时砍了几根树枝，拿到家里泡了好多天，直到泡出根，才小心翼翼地种到了院子里。

从种下第一棵树开始，李洪占便将种树当成了他人生中最重要的事情。

当年作为村里的护林员，一到春季，李洪占就开始忙活，“每天6点起床，扛着树苗，拿起铁锹，带点干粮就出门植树造林去了，直到太阳落山才回家，就跟上班一样”。而这个“班”一上就是64年，他也从未打算“退休”。

“浇水吃的苦最多了！”刚开始，浇水的事让李洪占很是头疼，为了及时给树浇上水，他想尽了办法，从一开始挖土窝存水，到后来的挖水渠引水，修不成渠的地方，他就用架子车拉、用马驮、用肩挑……

“如今村里建了水渠，通了自来水，还引进了母亲水窖项目，给小树苗浇水方便多了。”李洪占欣慰地说。

刚开始那几年，村里很多人都质疑，在这荒废了几辈子的黄土坡上能把树种活吗？然而功夫不负有心人，在李洪占的带领下，村民们也纷纷开始在巷道两旁、农田田埂上栽种树苗。后湾村在不经意间悄然发生着变化，村民们慢慢看到了绿色，也看到了希望。

下浪沟是后湾村附近的一个大沟壑，沟大坑深，黄土漫天，20世纪80年代初的一个春天，李洪占带着生产队7个年轻人开始在下浪沟植树造林。从村里到下浪沟没有路，要翻过好几个山梁。初春的高原寒风肆虐，几个人每天天不亮就出发，深一脚浅一脚地在寒风里赶路。

“那个年代种树苦是苦点，但我们都很有热情。”李洪占眯缝着眼睛说，“树苗都是我们自己背过去的，我当年年轻力壮能背40斤，小娃娃们背20斤。一个来回就是十公里的山路，一干就是一天，饿了拿出馍馍吃两口，渴了就在沟里的溪水边上趴下喝两口，等太阳落山了，我们安置好没种完的树苗，第二天再来。”

他们这样一干就是3年，8个人硬是在下浪沟和周边53公顷荒地上种满了白杨树、柳树和松树。如今的下浪沟是蔡家堡乡植被覆盖最好的地方之一，站在山顶上向下望去，树冠遮住了沟底，大山深处，绿意盎然。

用一辈子把种树这件事做好

“一个人做一件事并不难，难的是用一辈子把这一件事做好！李洪占老爷子就是这样的人!”后湾村第一书记师延仓言语中充满敬佩。60多年来，李洪占的脚步踏遍了家乡的山山沟沟，乡里有几条沟壑，山上有几道梁，哪面坡种树木，哪个滩种灌木，他心里跟明镜一样。李洪占参加过当年生产队组织的植树造林，响应过“要致富多种树”的号召，再后来，他在全乡第一个响应退耕还林。

“种树也是个技术活。”60多年，李洪占反复摸索和实践，总结出了“马蹄底马耳头”的宝贵育苗经验，保证了树的成活率。“黑刺好活，一棵引一棵，占的面积大，但新树活了，老树就会死；柠条皮实，只要活了根就扎得深，铁锹都挖不动，不容易死；柳树、松树不需要太多阳光，阴坡上长得最好；柏树喜欢晒太阳，阳坡上才能栽得活。说来说去，人才是关键，只要侍弄得好，树就都能活。”长年累月和树木打交道，李洪占对各种林木的习性了如指掌。

“现在我的心思在柠条上，每年从山上采个七八麻袋回来，晒上两个月，去掉壳能出两麻袋种子。”近两年，李洪占上了年纪，背不动树苗了，就开始种柠条。每年秋后，他总会找时间上山采柠条种子，再拿回家里晾晒。“别人家过了秋天晒的都是麦子，我们家晒的全是柠条种子。”李洪占二儿子李珍业说。

“到来年春天，先用铁锹每隔一米挖个坑，再将坑里的土拿小铲子翻松，仔细地撒下柠条种子，上面用土盖好，不然小鸟会把种子叼走，这就把柠条种好了。”李洪占详细地描述着每一个步骤。

在李洪占的精心照料下，他种下的树苗在蔡家堡扎下了根，绿色渐渐覆盖了这里的荒山荒坡。“看到小树苗扒住了土，扎住了根，我这心里就安稳了，就跟人穿衣服一样，大山也披上了绿色衣裳，我这心里真是舒坦啊。”望山远眺，李洪占由衷地开心。

如今，李洪占家已是四世同堂，妻子离世 30 年，7 个儿女经常劝老人在家颐养天年，可老汉就是闲不住："在家里闲着干什么？我能动一天就种一天树，树林就是我给后人留下的念想。"

"搬下山去，我就从山下往山上种"

"李洪占老汉用一辈子的执着换来了我们蔡家堡的绿水青山。"蔡家堡乡党委书记杨成祥说。

"植树造林是利国利民的大好事！美化家乡，造福子孙，就是这个信念让我从未放弃过种树这件事。"李洪占说。

55 岁的陈尚祥上小学时就开始跟着李洪占种树了，他说："刚拿

"种树老人"李洪占（青海省海东市互助土族自治县委宣传部提供）

得动铁锨的时候，只要一到周末，我们就跟着李洪占大爷把柳树砍成一截一截，去大水沟里泡发，然后拿着苗子一棵棵种下去，这些年种树的方法都是他教给我们的，我到现在都记得清清楚楚。”

“我爷爷是个种地行家、种树专家，田间地头就是他的天下，只要是农活都不在话下。”李洪占 43 岁的长孙李积彪在他的培养下成了村里的土豆种植大户，2020 年还当选了村主任。

李积彪说，这几年，十里八乡只要有植树造林活动，李洪占都会被邀请去做指导，坑挖多深、土埋多厚，怎么填土、如何浇水，经过李洪占的指导，树苗成活率明显提高。

“种树一年到底就 4 件事，春天育苗、夏天种树、秋天补栽、冬天防火。”日复一日，年复一年，李洪占用双脚一遍遍丈量着家乡的山野。他的手上布满了老茧，指甲缝里塞满了泥土，双脚皴裂了一次又一次。60 多年间，在他的带领下，后湾村家家户户房前屋后、责任田、承包地、防风林、渠道边，都想办法种上了柳树、松柏、杨树、云杉、沙棘等林木。如今，他种的树中有的长到了几十米高，很多树已经可以当梁当柱了。

2018 年，后湾村作为互助县精准扶贫搬迁村，从山顶搬迁到了山脚条件优越的塘川镇，告别了行路难、吃水难、增收难等，老百姓过上了脱贫致富奔小康的好日子，原本以为老人可以歇歇了，没想到他已经规划出了自己种树的新路线：“以前是从山上往山下种，搬下山去，我就从山下往山上种。”

2019 年，负责蔡家堡乡新村绿化项目的公司在后湾村广场栽种了 50 多棵金丝垂柳，李洪占每天去“打芽”，让这些金丝垂柳能够更好地生长；新村里栽种的树苗倒了，李洪占知道后立即赶去用木棍扶正……

“搬下来以后，政府提出要亮化、净化、美化和人文化，要打造园林式新农村！”李洪占说，这些新农村建设的措施里最吸引他的，就是为美化乡村而运来的他从未见过的树种。当金叶榆、樱花、水蜡、连翘、女贞、紫叶矮樱等十多个品种的花树出现在老人眼前时，他显得格外激动：“这些都是很金贵的，听说是从陕西、甘肃那么远的地方运来的。”

“我也得为新农村建设出一把力气！”在新村灌渠管道的冰面下，有老人暗藏的“宝贝”——一捆捆码放得整整齐齐的小树苗。指着眼前的小树苗，老人略带神秘地说：“这些都是前段时间绿化队栽种红叶李时扔掉的小苗子，我把筷子大小的全部码好、剪好、泡在这里，只要有苗就有树，有树就有青山绿水！”

【短评】

平凡的坚守，非凡的人生

“我就种了几棵树，没想到给我这么高的荣誉！”坚守大山 60 余年的李洪占用一生干了一件事情——种树，他用毕生的心血在黄土大地上竖立起一座执着坚守、不求名利的精神丰碑。

一段朴实话语、一个平凡故事、一曲感人乐章……看似平淡无奇、简单无华，却能在悄然间触碰到每个人的心弦。李洪占是无数个平凡人中的一个，他坚守信念，用平凡铸就伟大，用实际行动生动诠释了“幸福源自奋斗、成功在于奉献、平凡造就伟大”的价值理念。

植树守绿，将荒山变成绿海。一件看似不起眼的小事，坚持一天、一年、十年，乃至一生，将会带来怎样的改变？李洪占给予了最直观的答案。李洪占用自己的实际行动证明了普通人也可以做成利国利民的大事，从生活中的点滴做起也能释放出震撼人心的正能量。

榜样不仅是一面镜子，也是一面旗帜，它不仅能照亮人心，更能汇聚起磅礴的力量。李洪占为了一个目标，一干就是 64 年，昔日的乱石荒山如今已层林尽染，他用自己的行动成就了绿水青山。李洪占这样的道德模范就是现实中的最美奋斗者，不仅是可亲、可敬、可感、可学的身边典型，更是忠诚、执着、担当、奉献的鲜活标杆，值得我们每一个人礼敬和学习。

（万玛加）

让法律之光照亮海岛渔村

——记第七届全国道德模范、福建省漳州市东山县百货公司退休干部林建德

“我脑袋里的法律知识越来越重，我的头才会越来越低。”

扫码观看林建德专题片

春天的福建东山，风光旖旎，绿树成荫，海滩绵延。海堤旁，木麻黄郁郁葱葱、傲然挺立。木麻黄生命力强，抗风固土，不怕沙埋，如一个个忠诚的士兵，岁岁年年列队顶风沙，守护着岛民安居乐业。

行至东山县铜陵镇顶街132号全国道德模范林建德的家，眼前这位年近期颐的老者，满头白发，步履蹒跚。然而当他说起热爱的普法时，立即显得气宇轩昂，思路清晰。

从“一五”普法到“七五”普法，林建德对法律的信仰如同遍植岛上的木麻黄，只要脚下有一块土、一捧沙，就要把法治之根深深扎牢。

创办普法学校

1982年，已经退休的林建德开办“政协老年诊所”，义务为老年人看病。渐渐地，林建德发现，前来就诊的老人心病多于身病：子女不孝、老人被弃养、遗产纠纷成为困扰老年人的最大病根，而最直接的病因来自对法律的无知。

“普及法律知识是医治老年人心病的一剂良方。”林建德萌发了开办普法讲堂的想法。

不懂法，何来普法？学习法律是第一步。1985年3月，62岁的林建德自费报名参加上海《民主与法制》杂志社开办的法律知识函授班，成为当年该校年龄最大的学员。

为了赶上大家的学习进度，仅有小学文化水平的林建德付出了比同学更多的心血。他自费订阅多种法制类报纸、书籍，严格按照学校课程安排，认真完成作业。有时为了弄懂某些知识点，他不惜花费数天查阅资料、请教专家，直至把疑惑学懂弄通。

让林建德印象深刻的是，在他报班的那年冬天，报纸上刊登了一则令人振奋的消息：1986 年，国家将开展面向社会和广大人民群众的普法教育。这一政策更加坚定了林建德办校普法的决心。

功夫不负有心人。两年后，林建德高分通过宪法、刑法、经济法、民法、民事诉讼法等 6 门课程的结业考试，获得法律知识函授班颁发的结业证书。其中，民事诉讼法考试得了 98 分。

顺利拿到“红本子”，林建德有了一定底气，开始了既定计划——创办普法学校。

“我特地选在党的生日那天挂牌。”那一幕，林建德至今记忆犹新。

1987 年 7 月 1 日，东山县铜陵镇老年教育中心学校在一间简陋平房开办。老年学校参照普通学校开学时间，有上下课和寒暑假，林建德担任学校校长。

无怨无悔办学

听说林建德办了一所老年普法学校，镇上炸开了锅，议论纷纷。

“老林啊，年纪大了，不要再折腾啦。”有人劝说。

“真是天大的笑话，小学文化教法律？”有人嘲笑。

对于这些，林建德很淡然，行动胜于雄辩。然而，真正摆在眼前的坎，是环境差、招生难、学员听不懂等一系列问题。

环境有多差？

一间由废弃祠堂改造而来的教室，还不如祠堂整洁。至少祠堂里有座椅和茶水供应，而这间教室，仅有讲台、黑板和几套桌椅，还时不时漏雨。

▶ 林建德在上普法课（受访者提供）

讲台上，林建德上了普法第一课。讲台下，只有寥寥数人，大部分还是林老的旧相识。铜陵镇顶街书画家谢学文夫妻站在一旁，一个点头，一个摇头。

3 天后，林建德惊喜地收到了谢学文夫妻俩捐赠的 30 张凳子和 10 张课桌，装了满满一卡车。

“谢学文点头是赞许我自费办校普法的做法，他妻子陈雪琼摇头是感慨办学条件的窘迫。”回忆至此，林老布满皱纹的双眼含着热泪。

妻子从始至终的支持，同样让林建德感动。他与妻子二人夫唱妇随，一个当校长，负责教授法律知识；一个当校丁，负责后勤保障工作。不仅如此，夫妻俩还从自己的退休金里“抠”，除了家里三餐开销外，剩下的全贴补到学校。

老人普法有多难？

“开始很难，大家就像‘鸭子在听响雷’。”林建德说，学员大多是文化水平低、反应速度慢、接受能力差的老人，有较大教学难度。为此，他想方设法，满堂灌教学改为启发式教学。

黑板下方一只装有 160 盒卡式录音机磁带的玻璃柜子，见证了林建德办学初期的良苦用心。

“这是我的百宝箱，里面可都是我的宝贝。”林建德说。作为教具，磁带已多年未再播放，他依旧清晰记得磁带内容。他告诉记者，为了把法律教得更浅显易懂、结合实际，他特意买了一台三用机，把央视的《今日说法》《社会与法》等栏目中与老年人密切相关的内容刻录下来，并结合发生在老年人身边的人和事进行进一步讲解。

林建德家的楼梯下方，一摞摞泛黄的法制类报纸整齐堆放。家里除了几件带着古铜色的简单家电外，基本上随处可见法制类报纸和书刊，桌子、书柜、床边矮柜上都有。

“父亲没有太多业余爱好，唯一就对学法普法有感情。”林建德大儿子林泽泉说，父亲常年趴在书桌前看书，脊椎也变形了，脖子有些前伸，头总是低垂着。林建德却调侃说：“我脑袋里的法律知识越来越重，我的头才会越来越低。”

30 多年来，林建德坚持伏案苦读，他喜欢对着窗户光亮的地方，戴上老花镜，左手拿着书，右手拿着放大镜，再将放大镜贴着书页、眼镜片贴着放大镜看书。

在林建德的努力下，当地老人们的思想观念逐渐发生了变化，从不认可到认可，从“卖林老面子”来听课到自愿报名参加，甚至是拉上亲朋好友一起听课学法。

学校课程设置也更加完善。除了老年人权益保障法、收养法、继承法等与老人密切相关的法律，还有海洋环境保护法、渔业法、民事诉讼法、未成年人保护法、森林法等。同时，学校还开办学法用法特色班，从公、检、法、司等部门聘请专业法律人士讲授婚姻家庭、遗嘱继承、老人权益保护等特色课程。30 多年来，学校先后培养了 2000 多名“法律明白人”，最年长的有 90 岁。

学生换了一茬又一茬，教室翻新了一次又一次，唯一不变的是大家称为校长的林建德。

不遗余力普法

林建德是法律信仰者，是法律传播者，是法律援助的践行者。

1988 年的一场官司，让当地群众看到了法治的力量。

某日下课，铜陵镇工商所刘所长在校门口徘徊许久后，最终走进学校，向林建德吐露“家丑”。原来，刘所长的丈母娘黄大娘生有一女，后又收养一子陈某。在养父过世后，陈某不仅想方设法刁难姐姐一家，甚至“瞒天过海”，独吞黄大娘倾尽所有盖起的三层楼房。

“开办老年普法学校，就是要让更多老人既学法守法，更要懂法用法，如果连老人自己的合法权益都得不到保护，开办学校又有何意义？”林建德当场拍着胸脯向刘所长保证，这事他管到底。

第二天，林建德上门找陈某说理。陈某以一句“我家的事不用外人管”将林建德拒之门外。此后多次劝导，陈某依旧无动于衷。黄大娘走投无路，在林建德的建议下，拿起了法律武器，一纸诉状，将养子告上法庭。

东山自古受“养儿防老”观念的影响，这起“养母告养子”的官司怎么判，让当地街坊邻居议论纷纷。人们不仅想看看不孝子的最终下场，也想看看林建德和他的普法学校究竟有多大本事。

最终，法庭判定：接受黄大娘解除与养子陈某收养关系的诉讼请求；黄大娘收回了房屋产权。这不仅让陈某侵占财产的企图落空，也使他幡然醒悟。

一场官司，让林建德和他的普法学校声名鹊起，短短几天时间，来老年普法学校学习的人数就增加到30多人。30多年来，林建德用自己学到的法律知识帮助老人学法用法、维护权利、安度晚年的例子还有很多。

因为老伴与儿子常年出海打鱼，家住顶街的黄阿婆和儿媳妇的关系紧张，经常闹小矛盾。林建德得知后，多次入户做双方的思想工作，并邀请两人一同到老年普法学校上课。在林建德动之以情、晓之以理的劝说下，婆媳二人关系好似亲母女一般。

早些年，政府推进殡葬改革，存有“入土为安”传统丧葬思想的村民极力反对。在镇政府召开的殡葬改革会议上，林建德受邀上台，将政府改革的初衷、本地土地资源稀缺的现状等问题与村民逐一解释。道理讲清，法律讲透，也让海岛群众变反对为支持，一项棘手的工作迎刃而解。

林建德老人正向村民们上课（李林摄）

晚年独自一人生活的陈阿婆孤苦无依，想改嫁却又遭到亲人阻挠。在林建德帮助下，双方老人得到了亲人谅解，做好财产公证等事宜后终于重组家庭。2017 年，该案例被福建省司法厅改编拍摄成普法微电影《老人与法》，在当地引起热烈反响。

从“一五”普法到“七五”普法，30 多年间，林建德为老人们义务提供法律咨询 3000 多人次，调解家庭纠纷 600 余起。在大家眼里，林建德是知心老大哥、小巷里的调解人。他却说：“我是一个老人，没什么特别的，就是希望普法助老，用法律守望老人。”

“我婆婆就是林老伯的学生，坚持听课 20 多年。2009 年，婆婆去世后，我接着来听，这一听，又是十几年过去了。”在 76 岁的张丽娟看来，听林建德上课，不仅仅是学习，也是一种传承。

如果说法律是座灯塔，能指明方向，照亮航程，那么林建德便是灯塔上的点灯人，他将自己超过三分之一的人生奉献给了基层普法。

如今，这位点灯人已近期颐之年，儿子林泽泉接过父亲手中的普法接力棒，把义务普法作为家风，继续传承下去。“目前，我正在筹备一个普法新场所。希望像父亲一样，以自己的力量坚持普法，把尊法、学法、守法、用法的种子深深种进东山岛人的心里。”林泽泉说。

【短评】

小我融入大我，实现人生价值

一间教室、一块黑板、三尺讲台、四面白墙、数十张课桌椅，70

多平方米的空间，这就是林建德自费创办的普法课堂。2000 多名“法律明白人”学成而归，将“法律之根”深埋心中。

一盏旧台灯、一份新报纸、一副老花镜、一把放大镜，从“一五”普法到“七五”普法，林建德自费订阅万份法制读物，从知法懂法到普法用法，让法律的光辉照亮海岛上的千家万户。

“法治兴则国兴，法治强则国强。”在中国法治建设进程中，需要体制内外共同努力，需要专业法律工作者的不懈奋斗，也需要像林建德一样的基层模范人物将法律的触角延伸到百姓身边。从国家层面来说，中国法治建设需要他们，他们在基层社会不可或缺，作用与专业法律工作者相互补充、相得益彰。从个人层面来说，每个人都应有“天下兴亡，匹夫有责”的使命感责任感，只有把个体命运和国家民族的命运紧紧联系在一起，才能最大限度地实现自己的人生价值。

我们期待，社会各行各业都能涌现出更多像林建德这样不求回报、无私奉献之人，让无数“小我”身上的正能量升腾起来，汇聚起实现民族复兴的磅礴力量。

（马跃华　廖瑜婷）

从填补心灵空白到照亮脱贫之路

——记第七届全国道德模范、河南省开封市祥符区电影公司党支部书记郭建华

“只要乡亲们喜欢看，俺情愿当一辈子乡村放映员。”

扫码观看郭建华专题片

“一方小银幕，能装地和天，演不完千古悠悠美与善，放不尽人生百味苦辣酸甜。银幕故事像老娘土，养壮了根，养旺了苗，养靓了女，养俊了男，养甜了老百姓的苦日子，养美了大江山。只要乡亲们喜欢看，俺情愿当一辈子乡村放映员！”戏曲电影《电影儿女》的主题曲唱出了郭建华与电影近半个世纪的不解之缘。

郭建华，第七届全国道德模范、河南省开封市祥符区（原开封县）电影公司党支部书记。对当地百姓来说，她曾是“放电影的‘好闺女’”，后来成了“放电影的‘好妈妈’”，现在是“放电影的‘老太太’”。从20世纪70年代中期开始，做放映员的20年里，郭建华共为观众放映13000多场电影；当站长和经理的25年里，她共组织放映故事片、科教片超过15万场次，观众高达上亿人次。

在与电影“共舞”的44年里，郭建华给百姓送欢乐，丰富了群众的精神生活；送法律，提升了群众的法治观念；送科技，提高了群众的脱贫技能。

一部一部电影摞起的人生

“大半辈子过去了，回头看看，我的人生是一部一部电影摞起来的。”郭建华如此概括自己的一生。

1976年，郭建华成为开封县电影公司的一名农村放映员。

“放映员的工作多神圣啊，只要一放电影，很多人就都高兴起来。”郭建华说，那个年代，农村文化生活十分匮乏。一听说放电影，十里八村的乡亲们早早地背上孩子、拎着凳子，成群结队地向放映场奔去。一场电影的观众至少几千人，有时甚至上万人。“能给这么多人放电影，我感觉很幸福。”

只要一坐在放映场上，机器一转，郭建华就会随着银幕上演绎的精彩故事，和观众们一块儿落泪，一块儿欢呼，一块儿鼓掌。

在一般人看来又苦又累的农村电影放映工作，郭建华却坚持数十年。她坦言，除了电影本身的魅力，更重要的是“老百姓对电影的喜爱”。“每天能给农民多放一场好电影，能让农民多看上一场好电影，就是我多年的工作目标。”1978 年，电影《烈火中永生》刚在农村热映，乡亲们翘首以盼，见到郭建华就问：“啥时去俺村放映呀？”

当时已怀孕 7 个多月的郭建华，为了能让乡亲们尽早看上这部电影，每天晚上要去 3 个村放 6 场电影。放到第 18 个晚上，第二场电影还没放完，郭建华就疼痛难忍，倒在了放映机旁。

乡亲们用板车把郭建华拉回家，孩子早产了。郭建华的丈夫把瘦

郭建华（左）在接受光明日报记者采访（光明图片）

弱的孩子搂在怀里，抱了两个小时，孩子才缓过劲儿来。夫妻俩哭着为孩子取名“红梅”，只因郭建华当时放映的电影主题曲为《红梅赞》。

20 世纪 90 年代，郭建华被聘任为县电影公司经理，当时的电影市场非常不景气，电影公司经营不善、资金短缺。郭建华经过 9 天激烈的思想斗争，毅然走进了电影公司的大门。

就任那天，郭建华对大家说：“咱不能让老百姓看不上电影啊！”此后，郭建华进行了一系列改革，走出改革三步棋：改定额承包为代理发行，实行电影拓市场、能人挑大梁；变管理型为服务型，改计划经济为市场经济，改人浮于事为竞争上岗；实行工效挂钩，优劳优酬，奖优罚劣，要求职工做到的郭建华先做到。一年下来，电影公司的收入由原来的不足 4 万元增加到 20 多万元。

44 年来，洁白的银幕伴随着郭建华从青丝到白发，从青春年华到花甲之年。如今，郭建华初心不改，依然坚持在基层放映第一线。2019 年，她还到村里为群众放映了 143 场电影。

“电影是我的生命，我已经离不开电影，更离不开群众。我最大的心愿就是把银幕高高地挂起来，让群众文化活动火起来，让父老乡亲们乐起来，让精神文明传播开来。”郭建华说，给农民放了这么多年电影，除了观众接受教育外，电影里的英模人物也让自己深受教育，指引自己找到人生方向。

“三槌”和鸣奏响农村法治新乐章

1998 年，在村里放映普法影片时，一位老人在散场后仍伤心流泪，久久不愿离去。当郭建华上前询问时，老人擦着眼泪说：“你们来晚了。要是能早几年懂法，俺儿就不会进监狱了。”

这件事让郭建华心里很不是滋味，久久难以释怀。自此，郭建华动起了电影普法的心思，也在心里埋下了深深的“基层法治情结”。

走村串户多年，耳闻目睹了许多农民因法律意识淡薄而犯罪入狱的不幸案例。郭建华越发意识到，在农村加强普法教育的紧迫性和重要性。

“培育农民的法律观念，必须要依靠通俗化的传播手段。”郭建华说，“过去影片少，有啥就放啥。现在不同了，可以结合法律法规和政策宣传，根据群众需求，为乡亲们量身打造或者选择他们想看爱看的电影。”

郭建华还提出了“锣槌、鼓槌、法槌”的农村法治思想，告诉群众，要“多敲锣槌鼓槌，少敲法槌”，组织开展丰富多彩的农村文化活动。她说：“我希望用锣槌、鼓槌寓教于乐，提升农民的幸福指数，用法槌弘扬法治，保一方平安。”

作为第十一届、十二届、十三届全国人大代表，郭建华多次在全国两会上建议：要进一步加大基层普法力度，营造全民学法懂法、遇事找法、办事依法的良好氛围，以预防为主，把高墙内的惩戒转变为高墙外的教育。

一边提出建议，一边身体力行。农村成了郭建华搞全民普法教育的试验田。经过多次调研，她最终决定将祥符区西姜寨乡白庄村作为试点，探索可复制、易推广的基层普法教育宣传模板。2017 年 6 月，祥符区首个基层普法基地在白庄村建立。2018 年 2 月，最高人民法院第四巡回法庭党支部组织党员走进祥符区，在西姜寨乡白庄村开展“送法进乡村、共学十九大、扶贫献爱心”主题活动。

如今，“白庄普法模式”在祥符区335个行政村（社区）全面铺开。截至目前，累计播放普法电影5000余场次，观影群众80余万人次，开展各类普法宣传活动100余场次，受众30000余人次。

聘请律师为村民提供法律援助，帮助他们解决“愁到睡不着觉的大问题”；帮助促成张庄小学生代表参加最高人民法院第四巡回法庭公众开放日活动；联系协调祥符区一百名驻村第一书记聆听最高人民法院第四巡回法庭主审法官谢勇以《民法典》服务乡村振兴为主题的宣讲……兰考县东坝头镇张庄村第一书记王晓楠，对驻村以来郭建华助力张庄村基层法治工作所做的努力如数家珍。

一方小银幕助力奔小康

“我生在花生窝，长在花生主产区。”为了让乡亲们的花生获得更好的收成，在郭建华的建议下，河南影视集团拍摄了科教片《咱家花生好收成》，影片有故事、有知识，让农民在欢声笑语中学到了先进的种植技术。

李永乐就是看了上述电影后，决定辞掉城里的工作、返乡创业的。在了解了郭建华为农民放映电影的故事后，李永乐感触颇深：“屏幕上放的是热血青年，我们也要做电影屏幕外的热血青年。”

在当地政府和郭建华的鼓励、支持下，2017年4月，李永乐组建了青年创业团队，调研当地农产品，成立了自己的品牌。创业中，郭建华常常为李永乐答疑解惑。

“随着近几年的发展，我们的基地面积扩大了，产品也从最初单一的花生产品延伸到了当地所有的特色农产品。”李永乐兴奋地说，

郭建华近照（受访者提供）

现在，他们围绕花生做足了文章，设计了一系列花生文创，带动了当地一家花生老作坊。如今，西姜寨五香花生不仅卖出了开封，也卖出了河南。

“电影使我的生命闪光，架起了我和农民沟通的桥梁。”郭建华说，农村是广阔天地，大有可为。“我很庆幸走进了农村，走进了基层，让我到了晚年还有活干，还有放不完的好电影。”

“送来米，送来面，不如送部科技片。”科技电影被祥符区农民亲切地称为脱贫致富的“金钥匙”。近年来，“黄河水浇灌 + 科技兴农”，祥符区地膜花生增产一倍。在郭建华的积极推动下，该区花生获得了农业农村部农产品地理标志登记保护，保护面积达 50 万亩，花生价格也翻了一番，成为农民增收致富的“金字招牌”。

这些年，郭建华每年都会带上乡亲们种植的优质花生上两会。“我不仅要给农民放好电影，还要帮助农民销售好花生。”郭建华说，她将呼吁更多人，帮助农民兄弟拉长花生产业链条，打造国际国内消费市场，给祥符区的好花生找个“好婆家”，让农民靠花生脱贫致富奔小康。

2018 年 4 月，在郭建华提议下，祥符区启动了以“扶精神、扶智力、扶志气”为主题的“百村千场”电影扶贫扶智放映活动。郭建华带领放映人员深入全区 71 个建档立卡贫困村和 29 个贫困户较多的非贫困村，建立了 100 个农村扶贫电影放映点，采取“菜单式”放映模式，累计放映扶贫科技电影 11000 余场，观众达 200 余万人次。

“俺从十四五岁就开始看她放映的电影，从送文化到送科技，她一直在源源不断地帮助我们富脑袋，鼓口袋。”祥符区范村乡大关头村党支部书记赵志说。

郭建华欣喜地看到，电影声情并茂的展示和其中真实感人的故事，不仅提升了群众脱贫致富技能，也激活了贫困群众的内生动力，实现由政府输血到自我造血的转变，更加增强了群众用辛勤劳动创造美好生活的干劲和韧劲。

【短评】

一句承诺一生坚守

“只要乡亲们喜欢看，俺情愿当一辈子乡村放映员。”

就是这样一句承诺，让郭建华坚守在乡村，当了一辈子农村电影放映员。这份坚守，缘于电影《焦裕禄》中的一个镜头。“风雪中，焦裕禄拉着板车，走到一对老夫妇家里，坐在炕头上亲切地说：‘老大爷，我是您的儿子，要过年了，我过来给您送点粮食。’”在焦裕禄精神的感召和鼓舞下，郭建华坚守在豫东那片黄土地上，为人民输送精神食粮，一干就是 44 年。

心里有了这份承诺，再苦再难也没变过。近半个世纪，她始终牢记党的宗旨，忠于党的文化事业，不忘初心、牢记使命，恪尽职守、勇于探索，艰苦奋斗、无私奉献。她的心中有对党的忠诚，有为民服务的情怀，有扎根基层的执着。

道德是担在每一个人肩上的使命和责任，贵在践行，贵在坚持。郭建华的事迹反映了基层文化工作者对党忠诚、苦干实干、无私奉献的精神，这种精神与焦裕禄精神一脉相承。要实现乡村振兴，打赢三大攻坚战，就需要千千万万个像郭建华这样的人。

（王胜昔　崔志坚　丁艳）

小木船 21 年划过 30 万公里水上邮路

——记第七届全国道德模范、江苏省淮安市洪泽区邮政公司投递员唐真亚

“我喜欢的事情，就会想方设法把它做好。渔民们需要我，我有责任把它做好。”

扫码观看唐真亚专题片

“好山好水好风光……”碧波浩渺的洪泽湖上，唐真亚一边开着船，一边哼着歌。寒冷冬日里，他穿着一件单层制服，里面套着红线衫和小棉袄，直说热。也难怪，要没有这副好身板，21年前，他就不可能靠着一艘小木船划出一条40多里的水上邮路。

1999年，唐真亚从民办教师转行，成为江苏省淮安市洪泽区邮政公司老子山邮政支局仅有的一名投递员。在他之前，这里陆续走了11名投递员，工作辛苦程度可想而知。

老子山镇位于淮河和洪泽湖交界处，总面积300多平方公里，全镇约1.8万人口，近一半分散居住在湖面和50多个大大小小的滩头上，以养殖和捕捞为生。距码头最远的刘嘴村，来回一趟有40多公里。

21年来，唐真亚累计蹚过30多万公里水路，在干好投递工作的同时，想渔民之所想，为他们捎去油盐酱醋、带去致富信息，风雨兼程，不辞辛苦。2019年，唐真亚当选为第七届全国道德模范。

“喜欢的事情就想方设法做好”

渔民们常年在湖上漂着，迁居频繁，住址不固定，信件包裹全靠亲戚朋友相继转送，不仅耗时费力，还常常丢失。

“要为湖区渔民送邮件。”从上岗第一天起，唐真亚便下定决心。湖区的投递工作有其特殊性、复杂性，一旦信件名址不详，所耗时间和精力往往是陆上的几倍甚至十几倍。唐真亚靠着一条小木船，硬是一桨一桨地划出了水上邮路。

夜幕降临，唐真亚开始接收包裹、分拣邮件；太阳升起，陆上投送随之开始；中午 12 点左右，完成了陆上投递工作后，一天工作中最辛苦的部分来了——平均每天有几十份邮件需要唐真亚开船送到洪泽湖区渔民的手中。

在湖区上投递是无遮无挡的。夏天头顶烈日，唐真亚常常被晒得头晕眼花，划船时感到胸闷气短是常有的事；冬天冒着风雪，脸上像刀割一样疼，手脚被冻僵。还有春季的大风、夏季的雷雨、四季的水涨潮落，以及突然而来的狂风掀船……唐真亚曾数次差点葬身湖底。

2003 年 7 月，一封落款为“长山村杜中祥”的大学录取通知书送到了唐真亚的手中。长山村有 6 个组，组与组之间相隔约 15 公里水路，唐真亚跑遍整个村，渔民们都说不认识此人。几经辗转、多方打听，唐真亚终于得知杜中祥住在靠近盱眙县的一个叫“剪草沟”的芦苇丛中。

当时正值汛期，洪水滔天。唐真亚背上水和大碗面进入湖区。当行驶到湖心时，风力陡然达到七八级，一个大浪打过来，小船顷刻间

唐真亚划着小船和妻子闫玲前往新滩村送邮件（新华社发）

被掀翻。唐真亚一手举起邮包、一手扶着船舷在风浪中挣扎，后来在过路渔船的帮助下终于找到了杜中祥的家。看着浑身湿透的唐真亚，杜中祥的父亲极为感动：“你冒着这么大危险，坚持把通知书送到我们家，真不知道该怎么感谢你才好啊！”

这份执着源自喜欢，源自责任。21年来，唐真亚累计投递报刊126万余件、信件10.74万件，保持着零差错的纪录，被湖区居民亲切地称为“大湖鸿雁”。“我喜欢这份工作！”唐真亚说，“我喜欢的事情，就会想方设法把它做好。渔民们需要我，我有责任把它做好。”

是邮递员也是百事通

2006年起，来往于水陆之间的唐真亚开始主动帮助渔民带一些东西。渐渐地，小船上除了邮件，还有帮大家带的油盐等生活用品和渔网、浮球等捕鱼工具。时间长了，渔民们把唐真亚当亲人，连从镇上存款和取款这样的事情也会放心交给他。

为让更多渔民及时了解和掌握养殖技术，唐真亚操起了教师老本行。他先后为新滩村“渔家书屋”购置和订阅了1300多册科学养殖等资料，并邀请渔业技术人员定期向养殖户传授技术，现场解答渔民提出的养殖难题。

新滩村的何广来是众多受益者之一。通过学习科学养蟹，他正确使用消毒产品对放养前的鱼塘进行消毒，对水质进行管控，按照科学方法放入定量的蟹苗。2006年，何广来开始养蟹的第一年，蟹塘没发生一次病害事故，年底就赚了4万元。现在，他已经成了有名的养蟹高手。

唐真亚热心，渔民们有事总会跟他说。柴油补贴、税费上交、居民

唐真亚和妻子闫玲将邮件装船，准备出发（新华社发）

低保、医疗报销等各方面问题都被记在了唐真亚的本子上。能回答的，他便当面解释；回答不了的，就向相关部门了解后再答复，不厌其烦。

2011 年，新滩村养殖螃蟹的人越来越多，可外面提供给螃蟹食用的小鱼等饲料价格不断上涨。村民刘培柱萌生了建一个冷库来储存小鱼的想法，但他自己心里没底，便找唐真亚商量。

唐真亚多方打听、反复考量后，给刘培柱出了主意：“这个冷库可以建。每年大家清理鱼塘时，小杂鱼才几毛钱一斤，而到开春后螃蟹养殖时小杂鱼能卖到一块多钱一斤。有了冷库还能代售养殖用的药物，方便附近渔民，一举两得。”

出于对唐真亚的信任，当年 10 月，刘培柱建起了冷库，并从各家鱼塘中收集了几十吨小鱼。2012 年开春后，他的冷冻小鱼价格翻了一番，纯利润达到 30%以上。

今年疫情期间，唐真亚更是义无反顾。他不仅及时投递渔民网上购买的生活必需品，还无偿送粮油到因病致贫的困难户家中，为担忧焦虑的人做心理疏导，让他们生活不愁、心里无忧。

“不是每件事的价值都能用金钱来衡量”

作为家里的顶梁柱，唐真亚的工资并不高。多年来，一家人的日子过得紧紧巴巴。“我们一家人都对钱不敏感。”唐真亚说，“我也纠结过，但我一直觉得，世界上不是每件事情的价值都能用金钱来衡量的。”

正是这个“对钱不敏感”的唐真亚，每年会给边远山区学生捐赠爱心包裹；2016 年，他和三名镇人大代表一起向西藏贫困家庭捐赠衣服 300 多件；2017 年年初，又从全国总工会颁发的劳模慰问金中拿出 1000 元捐给了老子山镇老子乡土文化研究会。

龟山村的刘仕祥是个孤儿。父母在湖面上捕鱼时，双双被雷击中，家中仅有一位 70 多岁的爷爷，常年患病，生活十分困难。2003 年，唐真亚得知情况后就和妻子商量帮助他。当时唐家也很困难，唐真亚的妻子左右为难，最后还是咬牙从床头柜里拿出了春节准备给儿子的一套新衣和 150 元，送给了刘仕祥。

从那以后，唐真亚只要投递龟山村的邮件，就会去看刘仕祥，为他捎去学习用品和衣服，与他谈心，鼓励他努力学习。每逢节日，唐真亚还会划着小船把刘仕祥接到自己家中，让他感受家庭的温暖，直到他高中毕业。

2014 年 8 月，唐真亚偶然得知，镇上张洪喜的父母均患有严重疾病，他本人又患了鼻癌，一家有三人丧失劳动能力。妻子与他离婚，儿子还在读中学，全家的生活全指望低保。唐真亚经常开导张洪喜，还通过共青团、老龄委、学校、校外辅导站等多方协调帮他解决了孩子的学费问题。

如今，张洪喜在家照顾父亲，儿子也已大学毕业。他常常感叹："是唐真亚大哥的帮助，让我有了活下去的勇气。"

水上邮路的新面貌

记者跟随唐真亚送完包裹，返回途中，他向记者提出要拍一张合影。眼望波光粼粼的湖水和连片摇曳的芦苇荡，唐真亚动情地说："下个月来，这些渔民的船就没了。"

下个月，洪泽湖水域"两船"（住家船、餐饮船）整治工作就要接近尾声，为了保护湖水、保护环境，渔民们全部要上岸生活。对世世代代以湖为伴、以船为家的渔民而言，上岸确实不易。

渔民们上岸后如何获取稳定收入、上岸后住在哪里等问题纷至沓来。唐真亚利用工作之余往来渔民之间为他们出主意、做思想工作。

新滩村村民何计来迟迟在岸上找不到合适的住房，眼看上岸时间临近，他找到了唐真亚，说明了自己家的需求，不出几日，便租到心仪的房子，一家老小都乐开了花。

有渔民对补偿款如何支配一时没有主见，唐真亚给渔民讲解怎样合理使用。为解除生活上的后顾之忧，他建议渔民将补偿款存入银行，按照一定比例购买养老保险、储蓄和少量经营投资。既为以后生活提供了保障，又有效控制了风险。渔民们纷纷采纳他的提议，对补偿款进行了合理安排。

"水上邮路还会在。"面对记者的疑问，唐真亚解释道，"渔民们虽然上了岸，但大多还是临湖而居，走水路投递要比陆路方便得多。"

时光倏忽而过。唐真亚的小木船如今已变为一艘快艇，村民们通过网购的包裹越来越多，水上邮路也即将以新的面貌示人。

【短评】

平凡坚守亦是英雄之举

21 年如一日，唐真亚用一颗真心、一双臂膀划出了 30 多万公里的"水上邮路"。这份平凡的坚守，影响着无数个家庭的衣食住行、喜怒哀乐，彰显着平凡英雄的精神伟力。

高铁一日千里，技术无远弗届。经济社会的快速发展不断刷新城市和乡村的面貌，改变着人们的生活方式。这样高速变革的时代中，恰恰是那些不变的坚守熔铸成时代精神的内核。

坚守岗位，唐真亚兢兢业业，认真对待每一份邮件，不怕苦、不说累；坚守初心，他热爱邮递工作，21 年始终如一；坚守责任，渔民们离不开唐真亚，他也从未想过离开乡亲们；坚守情怀，唐真亚想乡亲们之所想，急乡亲们之所急。这样看似平凡的坚守，日复一日，便是创就非凡力量的英雄之举。

变革的时代更需要无数像唐真亚一样的个体的平凡坚守。科学家的坚守，是在攻克一个又一个科学难题中埋头苦干；解放军战士的坚守，是在本职岗位上守土尽责、守土负责……无数个体的平凡坚守凝聚起来，便是推动国家走向更加美好明天的英雄之举。

坚守从来不是一件易事，英雄称号也从不轻易被赋予。“惟其艰难，才更显勇毅；惟其笃行，才弥足珍贵。”唯有以更大勇气、更大智慧，朝着目标持之以恒地付出，我们才能在变革时代阔步前行，铸就新的辉煌。

（刘已粲）

一甲子坚守为“粮”心

——记第七届全国道德模范、陕西省咸阳市长武县农技推广中心退休研究员梁增基

“我是国家培养的。”“我是来解决群众的吃粮问题的。”

扫码观看梁增基专题片

雾蒙蒙的天空飘着如丝细雨，渭北旱塬的深秋处处透出寒意。陕西省咸阳市长武县十里铺村30亩旱作小麦育种试验基地，国家黄淮旱地小麦试验正在这里进行。

第七届全国道德模范、长武县农技推广中心退休研究员梁增基，早上7点就赶到基地。“今天要把参加国家旱地区试的33个品种都种上。”86岁的梁增基用他瘦小的身躯挥舞着锄头，划过的行就像尺子拉过的一样直。“梁老有60年的种地功夫呢，他可是我们长武的宝贝。”一旁帮忙的群众满脸骄傲。

而他并非长武人，而是“广东仔”。大学毕业来到长武后，梁增基就把小麦育种事业的根扎在这里，60年如一日，一心扑在群众的“饭碗”上，在渭北旱塬谱写了一曲“胸怀国家、心系群众”的“粮”心之歌。

金色的事业

——50公斤到500公斤的巨变

2010年，西北农林科技大学水保所用“长旱58”作为“耕地保育”千亩示范方，亩产超千斤。

由20世纪60年代的50公斤提高到当前的500公斤水平，长武小麦生产实现了翻天覆地的变化。中科院院士李振声说：“旱地小麦育种，梁增基是王牌。”

1961年，西北农学院农学系毕业的梁增基，响应党的号召，来到长武县农技站。那时的长武十年九灾，当地群众缺吃少穿，连糠皮都填了肚子。

梁增基（右）在接受光明日报记者采访（光明图片）

1962 年早春，长武发生小麦严重冻害。当时的县委书记带着梁增基去调研，问有什么解决办法。他回答：“只能培育抗冻品种。”县委书记感叹：“远水解不了近渴。”这让梁增基很尴尬，心里也很难过。

引种解决燃眉之急。1964 年，长武引进的“华北 187”因为抗冻性表现良好正要推广，却遇上锈病大暴发，亩产只有 20 公斤。在示范村，一群小孩跟在他后面吆喝：“187！ 187！ 187……”羞得他无地自容。“我一个学农的，国家培养了我，还解决不了品种的问题？”

一穷二白，要搞育种难于上青天。他迎难而上，矢志育种。倔强的梁增基骑着自行车跑遍了长武的沟沟壑壑，摸清当地的生态条件和对品种的要求。有时会遇到狼，有时赶上倾盆大雨，淋得像落汤鸡。

最麻烦的是，冬天骑车遇地表消冻，就得扛着自行车走。

没有土地，从农场借来两亩地；没有资金，从种到收自己动手——手工划行播种，用棒槌脱粒，自糊信封标签；没有品种资源，就写信向科研院所要。200 多个品种资源成了梁增基的心头肉，白天下地，晚上翻资料，成年累月对比观察，摸索育种经验，确定育种目标，再在实践中验证。

“如果不是吃饭，他都不知道还有个家。”在爱人周彩莲的眼里，完全沉浸在育种世界的梁增基就是一个只爱麦子的人。“1975 年我生小女儿的时候，是邻居送我去的医院，那一年大女儿才 11 岁，也不太会做饭，只能天天给我煮稀饭。”

一道道难关被梁增基攻克。1971 年“长武 702”“长武 7125”诞生，1978 年育成更丰产的“秦麦四号”，在渭北形成一道“锈病隔离带”，保障了关中小麦的丰收。1989 年“秦麦四号”获农业部科技进步三等奖，当时的电台报道说，“县级单位，获此殊荣，全国只此一家。”

厚积薄发，梁增基的育种事业也进入了丰产期。1984 年育出的“长武 131”，是旱塬第一个半矮秆高产抗旱品种，达到旱地小麦亩产 400 公斤。之后他又相继育出综合性优良、高产、优质的“长武 134”小麦品种和优质多抗高产的“长旱 58”。2014 年，80 岁的梁增基培育的抗旱丰产适应性更强的“长航一号”，在渭北地区大面积推广，开创旱塬小麦生产的新天地。

抗锈、抗冻、抗旱、抗倒伏，中筋、优质、高产，一个个育种目标的实现，让渭北旱塬的小麦从亩产 50 公斤提升到 500 公斤，梁增基赢得了长武群众由衷的尊敬。“要吃粮，找老梁”，这句在群众中广为流传的话，是老乡们对他金色事业最朴实的认可。

不变的“粮”心

——86岁与一个甲子的坚守

从初来长武到现在，梁增基在渭北旱塬奋斗了一个甲子。他痴迷育种事业，60年间只回过老家广东茂名3次。

为了工作，他直到36岁才成家。1984年9月，梁增基前往云南一带考察小麦育种工作的第2天，老家的电报来了：母病危，请速归。周彩莲很着急，却怎么也联系不上他。

十几天后的一个晚上，梁增基背着一包资料回来了，吃完饭就要去单位，妻子拦住他：这是老家的电报。他看完哽咽了：“妈妈，我对不起您！没侍奉过您一天，是个不孝的儿子。”一夜没睡，梁增基给大哥写了一封长长的信，得到的回复是母亲已经下葬好几天了。

长武成了梁增基的第二家乡，群众的饭碗成了他最牵挂的事，小麦成了他最亲的亲人。大女儿梁瑞芳向妈妈抱怨：“我爸白天忙，晚上忙，夏天忙，冬天忙，还哪有时间管我们。”

大田里，从施肥、整地、播种、杂交、观察记载、田间选株到收获，他亲力亲为；室内选粒、整理资料、书写材料，他手脑不闲。1985年夏天，梁增基右脚扭伤，医生叮嘱休养一个星期。他却天天下地，结果感染化脓，不得不手术。

没有时间顾及自己和家人的梁增基，馈赠给长武群众3个国审和4个省审小麦良种。和他相识40年的同事张俊兴，竖起大拇指：“老梁搞的小麦品种，长得像豆豆，我以前从来没见过，太好啦！”张代河村二组村民代会军感动地说：“老梁，你给我们解决了吃饭问题，太感谢你了！”

对于梁增基的贡献，业内专家认为在科技理论上有四大创新：一是最早实践“用锈病独立抗源，分区育种”，解决了小麦抗锈难题；二是在旱区率先育成半矮秆大穗粒品种，解决了抗倒高产不耐旱的难题；三是用远亲多品种复合杂交强化选育法，育成的品种最先解决了条锈、叶锈、白粉、叶枯、倒伏、干旱高产优质等全面综合抗性和优良特性问题；四是调节播种期避开高温，解决了“虫传”的小麦病毒病问题。

人生不过百年，贵在从一而终。“党和国家培养了我，我来这里是解决群众的吃粮问题的，不考虑其他的。”梁增基的“粮”心从未动摇过。同时期来的 27 名同学纷纷离去了，这影响不了他；陕西农科院和甘肃农科院的邀请，也被他婉言谢绝了。“长武群众更需要我。”他说。

被需要的责任，让梁增基 72 岁才退休，但退休后，他反而更忙了。一边继续育种，一边受县委委托，培养两个研究生接班人，新组建一个育种单位——长武县旱作小麦育种试验中心，为长远育种事业打下坚实基础。

平凡的选择

——40 亿元和 54 平方米的生活

在十里铺村，有一条路，被群众命名为“幸福路”。村支书张万玉介绍：“这条200多米长的路，老梁前后捐了6万元。”2008年，梁增基捐款7000元为村民修了砂石路，2014年又捐款53000元，加上村上的集资，就有了这条“幸福路”。

今年疫情期间，梁增基又毫不犹豫地捐了两万元工资。其实他的收入并不高，1980年前，每月收入56.5元，1995年升研究员后每月508元，2006年退休一年多后才确定退休费每月2896元。他笑称自己不差钱：“现在每个月7000多元呢。”

“饭能充饥，衣能御寒就成。”生活上，梁增基十分节俭。2011年，咸阳市政府奖励他5万元，他捐出去资助了10名贫困大学生；2015年，长武县奖励5万元，他捐给文化馆购买图书……

前前后后，包括奖金和工资，梁增基捐出了40多万元，自己却住在50多平方米的廉租房内，家具还是20世纪六七十年代的，床上

梁增基（右五）在麦田里（西北农林科技大学提供）

堆满资料。1997 年，“长武 134”种子 1 公斤炒卖到 80 元。但梁增基不以公斤卖，而是装成二两的小袋，分散供给农民，让他们自繁推广。十里铺村三组村民代彩芹说：“老梁供给我们的麦种和化肥，从来都是半价。”

7 个品种荣获省部市科技进步奖 8 项，在陕甘旱区和河南、山东部分旱区推广累计过亿亩，增产 25 亿公斤，增加经济效益 40 亿元以上。梁增基把“利润”全部奉献给渭北大地。

全国道德模范、全国农技推广先进个人、全国老有所为先进典型人物、“当代发明家”、陕西省优秀共产党员……政府和社会各界给予梁增基的荣誉，是对他贡献国家和奉献社会的最大肯定。

功成名就的梁增基，退休后本该安度晚年，可他却退而不休。2010 年以来，他带领慕芳和王楠两个年轻人，育成了强筋优质适宜做面包的“长优 173”，已参加国家黄淮水旱地中试。

“育种目标要紧跟生产需要和群众需求。”前行的路上，梁增基从未停止追求的脚步，如今 86 岁的他依然每天在试验田里奔忙。

【短评】

只因心中装着国家和人民

“我是国家培养的。”“我是来解决群众的吃粮问题的。”在陕西咸阳长武县采访的两天里，梁增基这两句朴实话语，让 60 年坚守到底是为了什么的疑问迎刃而解——只因他心中装着国家，心中装着人民，才能在黄土沟壑间躬耕出一曲奋斗者的“粮”心之歌。

在极其艰苦的条件下，梁增基以一颗知识分子的爱国之心，在长武践行他的报国之志。他全身心扑在育种事业上，每天早上六点起床洗漱，吃完饭后就赶到地里，中午不休息，下午六点半回家，晚上学习看资料写材料忙到十二点才睡觉……对物质生活，他没有追求，吃饱穿暖就好，但是在精神生活上，他有着强烈的使命感和责任感。小麦育种、群众饭碗、对得起国家的培养，这些追求充盈了他的身心，催促着他不断前行。

一个个看似不可能的育种目标实现了，20 世纪 70 年代 3 个品种、80 年代 2 个品种、90 年代 1 个品种，21 世纪以来，70 岁 1 个品种，80 岁 1 个品种，3 个国审、4 个省审的良种让长武及其周边群众的饭碗端牢了，可梁增基仍没有停下前进的脚步，86 岁还在渭北旱塬躬耕……他怀着对党和国家事业的忠诚，用自身的奋斗历程和不懈的精神追求，诠释了什么是不计得失，报国为民；什么是生命不息，奋斗不止。

在广袤的中华大地上，在农业现代化的征程中，活跃着一大批像梁增基这样的农业科学家。我们应当向他们致敬！他们长期扎根在农业生产第一线，在田间地头和农民打成一片，想方设法解决农业生产中的难题，实现了我国用全球 7%多的耕地养活 20%左右的人口，实现了由“吃不饱”到“吃得饱”且“吃得好”的历史性转变。他们坚持以昂扬的精神状态和饱满的事业激情，挺起中国农业发展的脊梁，以朴实无华的家国情怀谱写了一曲曲爱国报国之歌。

（张哲浩　张晴）

初心如“钻”向地球深部进军

——记第七届全国道德模范、安徽省地质矿产勘查局首席专家朱恒银

“只要身体允许，我就会向地球深部进军至最后一刻。”

扫码观看朱恒银专题片

想象一下，在地表向下开孔，人类向内自由落体，将会发现什么？地下 1 米，深深浅浅的地鼠洞穴率先映入眼帘；地下 200 米，煤矿井内明晃晃的探照灯有如夜空中的万千星点；地下 500 米，各类金属矿藏“显山露水”、千奇百怪；地下 1000 米，“工业血液”石油日夜奔流不息……

“新中国成立初期，我国普遍使用的纯机械式钻机，只能推进到地下 500 米至 600 米深，且速度极慢。20 世纪 70 年代中期，我成为一名钻探工人，那时仍难以突破 800 米。而今天，已是大不一样，我们将地质岩心钻探深度从 1000 米推进至 3000 米，现已推进至 5000 米。”全国道德模范、安徽省地质矿产勘查局 313 地质队教授级高级工程师朱恒银感慨地说。

2020 年 3 月，由朱恒银带领团队自主研发的国内首台 5000 米多功能变频自动钻机，亮相新疆克拉玛依玛湖油田。鏖战 200 余日，捷报频传，开钻 6 口井，完井 5 口，共完成进尺 19549 米，最高日推进速度达 700 余米。

深度，从 1000 米以浅至 5000 米以深；速度，从每天数十米到每天数百米；力度，从机械式、半液压式再到全液压式、变频自动式；角度，从直孔到可以弯曲、分枝、对接。“地质神兵”朱恒银的奋斗史，既是一部技术创新史，也是一部中国地质钻探从后进到赶超、再到领跑的变迁史。

“初心就是为国找矿”

钻探是一门苦差事，一年多半奔波在野外，天作盖地为庐，满手油污、浑身泥浆是常态。而朱恒银一干就是44年，即使年逾花甲，依旧坚守岗位。

朱恒银近照（受访者提供）

坚持源自热爱，热爱始于担当。“我的初心就是为国找矿，找大矿，找富矿。”朱恒银说。

走过缺煤少油的艰苦年代，当年国家资源能源匮乏程度之深，朱恒银深有感触。他刚参加工作时，我国钻探全行业处处受外国掣肘，“钻头、钻杆等关键部件几乎全部依赖进口，当美国掘地2000米已是‘家常便饭’时，我们还依然被远远拦在千米关口之外。”朱恒银回忆说。

1977年10月，参加工作刚满一年的朱恒银，随队在安徽霍邱铁矿钻探现场施工。一次夜班交接时，钻头突然被钻孔内的碎岩块卡住，“老班长”当即强力拉提钻杆，却不慎拉断钻机底脚螺丝，钻机瞬间倾翻，一下将“老班长”弹飞。当时，机房柴油机背憋熄火，发电机停止运转，机房漆黑一片。“我赶紧提起‘小马灯’，在钻塔角落找到‘老班长’后，发现他头部血流不止，已经昏迷。尽管后来抢救及时，没有生命危险，但‘老班长’不得不永远告别钻探工作。”也正是那个夜晚，深深地刺痛了朱恒银，他下定决心，“一定要改变国内钻探设备技术的落后面貌”。

手抬肩扛机械翻山越岭，他从不喊累；夜宿报纸糊窗的土坯房，甚至牛棚，他从不叫苦；设备落后老化，安全事故频发，他也从不害怕。在无数个荒山野岭的不眠夜里，真正让朱恒银焦虑不安的，是自己理论生疏、技能匮乏。

1978 年，朱恒银考入安徽地质职工大学，潜心研修探矿知识技能。毕业后，他没有选择在城市工作，而是毅然回到地质队，再次面对荒山，“老班长”的话在他耳边久久回响，“目之所及也许荒凉，却埋藏着无尽宝藏，我们是国家建设的‘地质尖兵’，从事地质找矿是我们的无上荣光”。

朱恒银（左一）在工作中（受访者提供）

“立足岗位的小改小革为重大创新奠定基础”

“都说‘上天不易，入地更难’，作为一项‘隐蔽工程’，入地究竟有多难常常不为人知。”朱恒银表示。

地层是“有生命的”，它们千变万化、复杂多样。实际施工中，岩层软硬不均或松散破碎，钻探需要适应各种困难环境，“没有金刚钻揽不了瓷器活”。钻机每向地下推进 100 米，地下温度就会上升 3℃左右，到地下 5000 米时，温度可达 150℃之高；向数千米处推进，小小钻孔内有千钧阻力，扭矩过大常常拧断钻杆……

“钻探是一项系统工程，对地球深部奥秘的持续探索，集成了一个国家现阶段内的先进科技成果，侧面反映了一个国家工业发展水平的高低。”朱恒银说。

对钻探设备技术的极致追求，激励着朱恒银不断向创新高峰攀登。“朱教授职业生涯的第一项小发明创造，就是因为我。”313 地质队职工刘金保回忆道。

1984 年，刘金保担任钻探施工现场泥浆操作员，当时泥浆搅拌技术十分原始，往往需要进行人工搅拌，劳动强度巨大。望着工友们满身泥浆且效率不高，朱恒银急在心里。

于是，他利用业余时间研发了一台水力泥浆搅拌器。投入使用后，实践证明这台机器不仅搅拌均匀，速度也大大提高，更重要的是将工人从人工搅拌泥浆中解脱了出来。

朱恒银的创新之门就此打开。随后，他在钻探施工岗位上，先后成功研发了 8 项“五小”成果，并得以充分应用，相继获得各级“五小”成果奖。“创新是积累的过程，立足岗位的小改小革是本分，也为日后重大创新奠定了基础。”朱恒银如是说。

常年扎根一线，朱恒银有自己的“创新观”。“工作岗位上，创新须务实，要立足于解决实际工作中出现的问题、难点，致力于提高工作效率及安全性，力求短、平、快”“有些看似微小的创造，往往可能赋予钻探工作较大的改变”“钻探器具创新必须经历百次试验，确保人身和孔内安全，才能推广应用，不是写篇论文就了事”。

“国家需要什么，我们就找什么”

我们为什么要越钻越深？

“首要目的依然是找矿，国家需要什么，我们就找什么。”朱恒银表示，“地质出思路，物探圈靶区，钻探去验证。”通过钻探，可以了解矿藏种类、具体部位、面积大小、储量多少、开采难易等关键信息，为资源能源开发利用提供依据。

2006 年，国家基础设施建设如火如荼，伴随着进口矿石原料价格不断上涨，找矿成为当务之急。当年，《国务院关于加强地质工作的决定》发布，新一轮地质找矿中，“攻深找盲，摸底探边”成为重点。探索深部找矿，钻探技术是关键。然而，当时我国地质找矿深度仍在 1000 米左右徘徊，钻探装备、工艺无法满足要求。

当时从国外进口的车载式钻机，不仅价格昂贵，而且不适用于国内山区、农村道路。“我们要学习国外的先进技术，但必须要符合国情需求”，朱恒银倡议要自主研发适应我国深部钻探需求的特色钻探装备。一年后，他率先提出了深部矿体勘探钻探关键技术与方法的研究项目，带领团队研发了分体塔式全液压动力头钻机和高强度绳索取心钻杆、钻具及工艺技术。

2010 年，朱恒银团队利用自主研发的钻探装备，在安徽霍邱铁矿首创了我国小口径绳索取岩心钻探 2706.68 米的最深纪录。随后，突破了大于 3000 米的找矿深度，建立了入地 3000 米深部岩心钻探技术体系，将我国地质找矿深度从 1000 米以浅推进至 3000 米以深的国际先进水平，成为深部岩心钻探的领跑者。

在霍邱深部，朱恒银团队发现了储量位居全国第五的特大型铁矿；在安徽金寨，找到了单矿体储量世界第一的金寨沙坪沟特大型钼矿，经济价值达千亿元。

如今，伴随着国家资源能源需求的提挡升级，以及对环境保护的日趋重视，寻找地下新型能源，如页岩气、干热岩、煤层气等，已成为时代新课题。“我们最新自主研发的 5000 米多功能变频电动钻机，正是为此而生，它显著提升了钻机的机械化、自动化、数字化、信息化水平，目前仍在试验阶段，相信将来一定可以大展拳脚。”朱恒银对此充满信心。

“向地球深部进军至最后一刻”

除找矿之外，钻探还能为地质学研究提供强大支撑，通过地层分析，揭示人类“脚下的秘密”。与此同时，钻探已经深度融入社会服务：监测地下水、预警地质灾害、防范煤矿安全事故、控制矿区环境污染等，都离不开这一“幕后英雄”。

“目前，钻探行业已经由以单纯找矿为核心，逐步转变为以找矿为主、全方位服务经济社会发展。”朱恒银说。

2004年，朱恒银受南京师范大学委托，带领队伍承接了《江淮下游新生代晚期环境变化研究》钻探项目。施工地点位于江苏泰州，当地地层条件复杂，属较典型的特殊地层。校方要求钻探施工采取原状样岩心，全孔岩心采取率不低于90%，且保持岩心的原状结构，无扰动、无污染。

高要求一度让项目停滞不前，而当时，朱恒银却因为手术住进了医院，只能躺在病床上坚持修改取心钻具设计和施工方案。为了解决钻探原状样取心难题，手术刀口还未拆线，他就偷偷溜出了医院，赶到施工现场，继续攻克难关。

最终，由于钻探原状样取心技术的突破，钻孔终孔深度达754.76米，全孔原状不扰动岩心样采取率达97%，顺利完成取心，为地质学研究提供了重要实物资料。

2008年汶川地震后，国家启动了汶川地震断裂带科学钻探项目。2009年，朱恒银带领团队承担了科学钻探3号孔施工任务，该孔布置在汶川龙门山地震断裂带上，所钻地层历经多次强烈地震，岩层支离破碎，地层应力大，易造成钻孔缩径、坍塌、涌水、漏失等情况，属国内外罕见的复杂地层。施工中，余震时有发生，钻孔钻进至1175.40米处与1186.77米处均发生了孔内事故，进展缓慢，一时举步维艰。

“不啃下这块硬骨头，决不收兵！”朱恒银下定决心。最终，他带领团队相继攻克了极为复杂的地层钻进、大直径取心、高应力下钻孔护壁等一系列技术难关，确保了岩心的原状样和94.6%的岩心采取率，实际钻进深度超过原设计孔深1200米，达到了1502.30米，受到了中国地质调查局的高度评价。

从事地质勘探工作，就是挑战未知，只有把埋藏在地下的实物岩心取出来，才能揭示地壳的真实面目。而钻机只要一开动，就不能停，20 多个春节，朱恒银都是与工友一起，守在钻机旁度过的。

“只要身体允许，我就会向地球深部进军至最后一刻。”朱恒银说，“从前是‘摸着钻’，后来是‘算着钻’‘看着钻’‘变着钻’，现在，‘自动钻’研究刚刚起步，真正实现钻探人工智能化，我们要做的还有很多。”

【短评】

爱岗与爱国，从来一脉相连

朱恒银把一辈子都献给了他热爱的钻探事业。

44 年来，他每年有 200 多天从事野外钻探工作，完成地下钻探约 50 万米，由他设计施工的近千个钻孔，创造了没有一个报废钻孔的奇迹。

44 年来，他从一名普通工人成长为钻探专家、大国工匠，攻克了一个又一个技术难关，用行动诠释着“向地球深部进军”的执着信念、为祖国和人民找矿的坚定初心。

44 年来，他走遍了大江南北，青葱少年染秋霜，从地表到地心，他让探宝“银针”不断挺进。一腔热血，融进千米厚土；一缕微光，射穿岩层深处。

“干一行爱一行”，朱恒银将全部热爱倾注于方寸钻头，要“向地球深部进军至最后一刻”。热爱背后，还有他那份“国家需要什么就干什么”的忠诚，那份决不能输给外国的自强，那份一定要改变国家钻探行业落后面貌的决心。

一颗拳拳赤子心，满腔殷殷报国情。从第一次手抚钻机开始，他就已经将个人前途与国家命运紧紧相连。“实干兴邦”，只要心里揣着国家，手头干好实事，无论在多么平凡的岗位，都将散发万丈光芒。

2020 年，是极不平凡的一年。这一年，多少医务工作者前赴后继，为抗击新冠肺炎疫情舍生忘死；这一年，多少扶贫干部殚精竭虑，为如期打赢脱贫攻坚战呕心沥血；这一年，又有多少百姓在市井烟火处，坚守岗位，努力生活。爱岗与爱国，从来一脉相连，一个人的力量或许微小，汇聚起来却是足以推动时代前进的磅礴伟力。

（丁一鸣　常河）

一根扁担挑起山里娃的“上学梦”

——记第七届全国道德模范、河南省镇平县黑虎庙小学校长张玉滚

“再苦再难也要把学校办下去。”

扫码观看张玉滚专题片

春天的伏牛山，满山遍野披上绿装，黄色的连翘花竞相开放。

位于伏牛山深处的河南省南阳市镇平县高丘镇黑虎庙小学校园里，红旗迎风飘扬，教室里书声琅琅，校长张玉滚正在给六年级的孩子们上课。

这样熟悉的画面，在全国道德模范张玉滚的人生中已经重复了20个年头。山还是那座山，孩子们送走了一届又一届，而张玉滚始终坚守在这里。

“无论多忙，我都坚持给孩子们上课，每周至少保证6节课。如果遇上省里或者市里的巡讲活动，落下的课，我都会抽时间补上。”眼前的张玉滚虽然已经是享誉全国的道德模范，但聚光灯下的他始终朴实无华，一说到学生就两眼放光。

“您看，校园里焕然一新，孩子们有了全新的塑胶跑道。如今，学校有12位任课教师，每位老师都住上了一室一厅一卫的教师周转房……”课间时，张玉滚带着记者参观崭新的现代化校园，对校园设施如数家珍，“学校六年级也办起来了，教师们干劲儿可足了。”

此时的校园里，孩子们有打乒乓球的、有跳绳的、有玩老鹰捉小鸡的……一切都是那么生机勃勃。

“啥也不说了，俺不走了”

一个人静下来的时候，望着眼前这一切，张玉滚常常会不自觉地想起以前的黑虎庙小学，那时与现在相比，有着天壤之别。

以前，黑虎庙人想走出大山，需要沿着牧羊人顺山脊走出的小道，翻越海拔1600多米的尖顶山，攀爬险峻难行的八里坡。老辈人

张玉滚与孩子们在一起（胡少佳摄）

说：“上八里、下八里，还有一个尖顶山；羊肠道，悬崖多，一不小心见阎罗。”

走出大山，改变命运，过上好日子，是山里人世世代代的梦想。但要刨除穷根，必须从教育开始。

2001 年 8 月，眼瞅着开学在即，黑虎庙小学老校长吴龙奇为安排老师上课犯了难：算上返聘的，依旧还有两个班面临开学，却没有老师授课。

正当火急火燎时，老校长脑海里突然蹦出一个人，高兴得一拍大腿：“早先咋没想到，黑虎庙还有个正儿八经的中等师范毕业生呢，自己教过的学生张玉滚，不是 7 月份刚从南阳第二师范学校毕业了嘛！”

老校长赶紧挎上一篮鸡蛋赶去张玉滚家，恰好碰见张玉滚在收拾

张玉滚在为学生们盛午饭（新华社发）

行李，准备和同学一道去南方打工。“玉滚啊，你是我的学生，得帮个忙暂时顶一下！”老校长软话说了一箩筐，张玉滚左右为难。

为了打动张玉滚，接下来几天老校长每天都往张玉滚家里跑三趟。后来，老校长换了“套路”：“咱不能牛不喝水强按头，你好歹跟我去学校瞅一眼再说，是走是留，我不拦你。”

跟着老校长，张玉滚推开当年自己用过的教室门，映入眼帘的依然是“旧桌子，旧水泥台子，里面坐着十来个孩子”。看着孩子们清澈无邪、渴望知识的眼神，那不正是自己小时候的模样吗？张玉滚鼻子陡然一酸，他的心被深深击中了。

21 岁的小伙子，一言九鼎：“老师，啥也不说了，俺不走了！”

就这样，张玉滚成了一名每月拿30元补助的民办教师。

“再苦再难，也要把学校办下去”

在黑虎庙小学，有一个传家宝：一根磨得溜光的扁担，两米左右，黝黑发亮。学校的老教师说，这根扁担不寻常，它是老校长挑了数十年的扁担，老校长挑不动了，张玉滚接着挑。

在黑虎庙不通车的日子里，靠着一根扁担，沿着老校长走过的路，张玉滚为孩子们挑来学习和生活用品，也挑起了孩子们的希望。

当年盖新校舍，运材料格外难。正赶上农忙季，建筑队的民工都去抢收抢种了，搬砖运料，就落在老校长和张玉滚等老师身上。上山撬石头，下河挖砂土，运水泥，搬砖头，平地基。建校的一砖一瓦，好多都是张玉滚挑来的。起早贪黑，没日没夜，在大家共同的努力下，崭新的教学楼拔地而起，张玉滚也瘦了一大圈。

在学校建成标准化食堂前，孩子们在教室后面一间临时搭建的棚子里做饭，每到做饭时热闹得很，孩子们的小脸都被熏成了“黑老包”，年龄小的学生做的饭经常半生不熟……

2003年，张玉滚克服重重困难，东拼西凑，总算将食堂建好了。可是，因为学校给的工资少，没人愿意来做饭。万般无奈，张玉滚软磨硬泡，说服在外打工的妻子回到黑虎庙，成为学校的义务炊事员。

2014年5月，妻子在一次为学生轧面条时，一不小心被轧面机压碎了右手的四根手指，鲜血淋漓。由于山高路远，等赶到县里医院时，已经错过了接上手指的最佳治疗时机，妻子也因此落下了残疾。从此以后，她炒菜、做饭由右手改成了左手，见了生人，也都羞涩地把右手藏在身后。

尖顶山上的麻栎树绿了又黄，黄了又绿。“再苦再难也要把学校办下去。”为了一句庄严的承诺，为了改变山里娃的命运，张玉滚这一干就是 20 年。20 年来，他先后教过 600 多名孩子，培养出 31 名大学生，这些孩子也都在大城市里实现了自己的奋斗梦。

“给学生一瓢水，老师要有一桶水”

“为了孩子的一切，为了一切孩子。”在黑虎庙小学，这绝不仅是一句刷在墙上的空话。

由于学校条件艰苦，师资力量不足，张玉滚不得不把自己打造成“全能型”教师：他是校长，同时还担任着五年级数学、英语、品德与社会、科学这 4 门课程的教学工作。张玉滚吃住都在学校，除了教学，还肩负着学校教研课改的总体工作。

数学课上，他运用直观教学法，和孩子们一起制作钟表表盘、正方体、长方体等教具；英语课上，他不断激发学生的英语学习兴趣，消除他们对英语的恐惧感；科学课上，他带领孩子们去野外上课或是自己动手做实验，激发他们热爱大自然、探究大自然的兴趣；体育课上，没有体育设施，张玉滚就带着孩子们爬对面的尖顶山，认识山川河流、花草树木、鸟兽虫鱼；课间时，张玉滚常常会带着孩子们围成一圈玩抵羊斗鸡，通过趣味游戏强身健体。

“给学生一瓢水，老师要有一桶水。”这是张玉滚的口头禅，在教中学、学中教，无论再忙再累，他都不忘学习。这些年，张玉滚自学完成了大专所有课程，现在每天晚上还在挑灯夜战，自学本科课程，“山里本来就闭塞，老师不多学点，咋教好娃们?”

爱是最长久的坚守，张玉滚爱学校、爱教育、爱孩子。这种爱未必回肠荡气，却充满感人的细节。课桌椅坏了，他来修；校舍破了，他来补；学生们需要的各种物品，他去挑；有的孩子没有餐费，他自己掏腰包垫上……黑虎庙村党支部书记张书志告诉记者，张玉滚虽然收入微薄，但20年来资助的学生却有300多名，没让一个孩子失学。

一支粉笔，两袖清风，三尺讲台，四季晴雨。这些山村教师，扎根在贫瘠闭塞的小山村，平凡而又坚忍，为乡村教育输送着源源不断的养分，高高擎起教育的火种，照亮山村孩子走出大山的路。

2018年，张玉滚的感人事迹被媒体报道后，山村教育的现状引起了社会更多关注。当地政府投入300多万元用于改善黑虎庙小学的基础设施，近两年来，先后有8名老师来到黑虎庙小学任教，解决了教师短缺问题。雪花般的爱心也纷纷从全国各地飘来：先后有十几所学校与黑虎庙小学结对子，他们不仅送教上门，还邀请黑虎庙小学的老师到郑州、南阳等地的学校参加教研活动。“看我们新建的少年宫，这是钢琴教室，这是图书阅览室，这是室内运动场地……”张玉滚一间一间带着记者参观。

教学条件好了，教师短缺问题也解决了，眼下，最让张玉滚挂心的是如何提高教学质量：“我们要进一步与结对学校深度融合，请进来，走出去，把名校的先进教学经验带回来，为我们所用。”

采访结束时，记者得知，黑虎庙通往山外的柏油马路已经修到了半山腰，这里正在规划乡村旅游。不远的将来，黑虎庙将与外面的世界一样精彩……

【短评】

激励更多有志青年躬身教育

“扁担窄窄，挑起山乡的未来；板凳宽宽，稳住孩子们的心……”这是对张玉滚教书育人之路的生动写照。毕业后回到家乡，张玉滚从一名每月拿30元补助的民办教师干起，一干就是20年。靠一根扁担，把学生的课本、文具挑进了大山深处，一挑就是5年。他，是这里的全能教师，手执教鞭能上课，掂起勺子能做饭，握起剪刀能裁缝，打开药箱能治病。

坚持一时容易，坚守一辈子不容易，没有信念的人做不到。“泥巴砖头垒个灶台，顶多能用个十年八载。咱们教学生认的每个字，他能用一辈子。”老校长的话朴素平实，却成了支撑张玉滚度过艰难岁月的定海神针。面对微薄的工资、简陋的办学条件、养家糊口的困窘，张玉滚无怨无悔扎根偏僻山村，不忘初心、潜心教学、精心育人。他就像伏牛山上那漫山遍野的连翘，挺立于高山，扎根于泥土，忍受着风霜雪雨，把清香留给人间。

2021年我国将全面推进乡村振兴，乡村振兴的关键是人才振兴，只有无数个像张玉滚一样的优秀教育者投身乡村教育，耐得住寂寞、看得淡名利，将自己的热血、真情和真才实学奉献给这片热土，乡村才有希望，乡村才有未来。张玉滚的精神，就如一粒种子，深深扎进泥土，慢慢生根发芽，从一片绿叶到整个森林，激励着更多有志青年躬身教育。我们相信，随着国家各项政策的完善和相关保障机制的护航，将有更多优秀教师投身乡村教育，谱写出乡村教育振兴的动人新篇章。

（王胜昔　刁良梓）

“技术创新是没有止境的”

——记第七届全国道德模范、中车唐山机车车辆有限公司铝合金厂高级技师张雪松

“新时代的产业工人不能再像以前那样只是付出体力劳动，而要勇于站在新技术的前沿，敢于向世界先进技术发起挑战”。

扫码观看张雪松专题片

一身浅灰色工装，一副黑色边框的眼镜，一张文质彬彬的面孔，眉宇间满是专注……在位于河北省唐山市丰润区的中车唐山机车车辆有限公司铝合金厂的车间工作室内，全国道德模范、中国中车首席技能操作专家张雪松正忙着为其他工友进行培训指导。“干技术，就得不断尝试，就得不断研发新技术、新产品，不能让新产品淘汰我们，技术创新是没有止境的。”47 岁的张雪松说。

工作 28 年来，技校毕业、钳工出身的张雪松完成技术革新 109 项，制作工装卡具 66 套，撰写工艺文件和操作指导书 72 项，改进进口工装设备技术缺陷 20 多项。在中国高速动车组研制生产中，张雪松和团队一起攻克了铝合金车体生产中的一系列技术难题，助力中国高铁占领世界技术“制高点”。

“把‘工’字变成‘干’字”

张雪松成长于铁路社区，这使得他从小就对火车有着强烈兴趣。1989 年初中毕业后，怀着铁路情结的他不顾父母反对，毅然选择上技校，成为一名唐山机车车辆厂技工学校学生。

为了练得一手好本领，张雪松抓住每一次学习和实践机会苦练技术。“有一次学校组织钳工基本功训练，为了提高动作稳定性、准确性和工件精度，我反复练习，不知道重复了多少次，双手都磨出了血泡，但我不想放弃这次机会。”张雪松回忆。

1992 年，从技校毕业后，他如愿进入中车唐山公司，成了一名铁路钳工。刚参加工作的张雪松穿上蓝色铁路工服，特别开心，他兴冲冲地把工服穿回了家。“没想到一进门，我妈有点不高兴。当时正好有个亲戚来家里串门，我妈觉得我这身‘干活儿’的行头不体面。”张雪松说。事后，当时19岁的张雪松对母亲说：“谁说‘工’字不出头？我把‘工’字变成‘干’字，不就出头了吗？”

张雪松在河北唐山工业职业技术学院帮助校方维修数控设备（新华社发）

经过勤学苦练，张雪松逐渐摸索出了自己的“绝活儿”，他能独自加工六分之一头发丝精度的工件，对多种技术难题都琢磨出了解决方案。入职第一年，他就在唐山市青工技能大赛上崭露头角，取得钳工比赛第四名的成绩，并荣获唐山市技术能手称号。

尽管有了荣誉，但张雪松却并不满足。他认识到，新一代的铁路工人，应当是复合型人才，不能满足于自己“一亩三分地”里的技术。于是，他开始自学铆工、焊工、电气、机械和计算机等业务知识，向爱人请教电工知识，并跟着书本学画电路图。他还进修了机电一体化专业的大专课程，学习了维修电工、PLC编程、CAD设计知识。

“从一个个零部件开始，和自己‘死磕’”

2005年，中车唐山公司担负起了打造中国高铁品牌的使命，开始生产高速动车组。与传统的碳钢车体结构不同，动车组的车体大部分由铝合金型材拼接组焊而成。而制造高速动车组的第一重考验，就是提高铝合金车体焊接精度。

一开始，由于没有铝合金车体焊接制造的技术经验，工友们按照原有方法进行焊接，但明显感到手中的焊枪不那么听话了，铝工件也不听使唤了，开始变形、开裂……高速运行的动车组对车体焊接要求相当高，一旦产生变形，后果不堪设想。当时，公司还没有相关的技术资料，张雪松和工友们更是连见都没见过这种新的产品和工艺。

“从来没干过，我们只能从一个个零部件开始，自己和自己‘死磕’”。张雪松带领团队成员反复摸索铝合金车体侧墙、端墙和车顶组装调修的组焊工艺，进行分步试验调整，从一个小小的截面开始，2米、5米、10米，再到整车的组焊拼接。

经过成百上千次试验后，张雪松和团队通过“变形量”“焊后调修”和“调修加热温度控制”等8种数据，总结出“调整装配法”和“夹具压紧点多点支撑”的系列铝合金型材组合焊接工艺方法，保证了动车组车体的各项尺寸精度，很好地解决了焊接变形问题。他们还制作出焊接夹具、装配定位板、反变形工装卡具等66套工装卡具，形成工艺文件和操作指导书72项，为动车组整车生产制定出了“中国制造”的技术参数。一个月后，中车唐山公司首辆高速动车组铝合金车体顺利试制成功。

2008年4月11日，中车唐山公司第一台国产“和谐号”动车组成功下线。中国用3年时间，走完了国外20多年的技术路程，成为世界上仅有的几个能制造时速350公里高速铁路移动装备的国家之一。

2009年8月，在中国第一条设计时速为350公里的高速铁路京津城际铁路开通一周年之际，张雪松和工友们来到了天津站，第一次坐上了自己亲自打磨的高铁列车。"看着自己制造的列车在铁轨上飞驰，我们就像看着自己的孩子一样，真心觉得自己的付出值了。"张雪松说。

从2018年开始，车体生产的智能制造成了张雪松和团队攻关的主要课题。从最初的将机器人运用到焊缝打磨，到如今把机器人运用到车体制造的几乎各个方面，张雪松坦言，一开始也有质疑，认为机器人打磨效率太低。为此，张雪松和团队成员对机器人的每一项程序进行钻研攻关，并多次前往外地进行研讨学习。"现在我们技术攻关基本上都依靠机器人，这也是今后高速动车组生产全面实现'智能制造'的突破点。"张雪松说。

"转行是一条漫长的学习和攻坚之路"

高速动车组开始大规模生产后，中车唐山公司先后引进了价值3亿多元的几十台尖端数控设备。可当这几台"洋设备"运到车间，从安装到调试都是由外国专家主导，当时厂里几乎无人敢碰。

如何让生产动车组的几十台进口数控设备不撂挑子，成了一个非常现实的问题。张雪松算过一笔账，请外国专家来维修，工时非常贵，且由于技术上的短板，还受制于人。

为改变这种束缚，张雪松做了一个大胆决定，由钳工"转行"搞数控机床装调维修，做进口设备的“保健医生”。“我们这么大的一个厂，上万名员工，连几台数控设备都搞不定，还拿什么生产世界一流的高速动车组!”回忆起十几年前的事，张雪松记忆犹新。

为了早日达到掌握数控技术的目标，张雪松白天干工作、晚上学知识，节假日他也泡在图书室里查阅资料。复杂的机械结构搞不明白，他就天天钻进满是油污的设备间内，对照图纸对每一个零件观察分析；电气图纸看不懂，他就参照着电气图反复练习布线。

“一开始，我对一些数控设备复杂的机械结构搞不清楚，电气图纸又看不懂，只能‘赶鸭子上架’，硬着头皮往前冲。转行可不是简简单单的一句话，我面对的是一条漫长的学习和攻坚之路。”张雪松说。

张雪松（左）在接受光明日报记者采访（光明图片）

2009年，“半路出家”的张雪松获得了河北省技能大赛数控机床装调维修工第一名，成了钳工和机床维修的“双料”状元。他摸索出的“定点养护”模式，使设备故障和缺陷率降到了百分之一以下，成为同行眼中的“大神”。张雪松的技术水平和创新成果也得到了上级部门的认可，荣获“全国技术能手”、首批中车“高铁工匠”、中国中车首席技能操作专家等称号，还荣获中华技能大奖，被誉为“工人院士”。

谈到“转行”背后的秘诀，张雪松坦言，所有的“转行”，都是为了要掌握更多新技术、新本领，推动铁路高质量发展，“新时代的产业工人不能再像以前那样只是付出体力劳动，而要勇于站在新技术的前沿，敢于向世界先进技术发起挑战”。

“只有所有车厢的动力同时启动，整趟列车才能跑出高速度”

2010年，中车唐山公司设立了“张雪松工作室”，专门开展一线技术攻关、工艺革新，培养高级操作技能人才。张雪松挑起了高速动车组从“中国制造”到“中国创造”的重担。

张雪松认为，个人力量有限，只有让更多员工掌握新技术，形成一个个高精尖团队，企业发展的步伐才能不断加快。在工作室里，他常说:“企业好比一列高速动车组，只有所有车厢的动力同时启动，整趟列车才能跑出高速度。”

这些年，张雪松在实践中研究出不少“绝活儿”，他都一一记录在本子上。他毫无保留地把工作日志借给工友们看，还经常组织召开班组攻关讨论会、绝招演示会，通过“教学练比”等现场技能切磋活动，促使员工互相交流、共同提高。

从2018年开始，张雪松和团队一起研究和推广铝合金车体“智能制造”新模式，让标准化、数字化、智能化的车体制造技术进一步深入到所有工序。张雪松带领工作室成员每年至少培养3名技术尖子，每年完成技术创新100余项，完成培训500多人次。

【短评】

工匠精神为“中国制造”提速增效

二十八载栉风沐雨，张雪松把自己的青春献给了中国的铁路事业。作为一名铁路技术工人，张雪松不驰于空想，不满足于当下，始终在向技术创新的最前沿奋进。技校毕业、钳工出身的他，已经成长为一位名副其实的高铁制造“复合型专家”。他用拼搏奋进之躯创新创效，他以坚忍不拔之志逐梦前行。

“事思敬、执事敬、修己以敬”，张雪松几十年来对自己热爱的铁路事业全身心投入，以实干敬业不断克服一个又一个困难。“天下大事，必作于细”，张雪松对每件产品、每道工序都追求极致，用刻苦钻研的态度“精雕细琢”，充分践行着“人民铁路为人民”的初心和使命。“艺痴者技必良”，张雪松在每一项技术上都一门心思扎根下去，心无旁骛，在一个个细分产品上不断积累优势，逐渐在专业领域成为“领头羊”。他追求突破、追求革新，始终在挑战世界先进技术，把工作激情凝聚成昂扬向上的工作态度，不断创新，不断超越，用工匠精神打造精益求精的产品细节。

新时代是奋斗者的舞台，不论在哪个领域岗位，这种敬业、专注、创新的工匠精神都是推动技术革新的重要动力。正是有了一批批像张雪松这样的奋斗者，以工匠精神守初心、担使命，我们的高铁技术才得以领先于世界，我们的“中国制造”才会不断地提速增效，创造卓越的业绩，引领时代的发展。

（陈元秋　耿建扩　吴可超）

履职尽责的典范　邮件安全的“航标”

——记第七届全国道德模范、中国邮政集团四川甘孜县分公司驾驶员其美多吉

“我作为邮政系统的先进人物，应该有担当和责任，我必须去一线，而且应该是第一个去。”

扫码观看其美多吉专题片

8月，四川甘孜高原凉爽宜人。雀儿山的冰峰直插云霄，残雪与冰川延伸到玉龙拉措，构成秀丽的湖光山色。这里海拔4040米。湖畔，雪域天路国道317线划过一道弧线，奔向雪岭深处。

在这条天路上，无论风雨，每天总有几辆墨绿色的邮车穿梭其间。多数时候，康巴汉子、第七届全国道德模范其美多吉就会驾驶其中的一辆，翻山越岭，为高原送来邮件，把农牧民的包裹运送出去。他已经在这条虽然壮美，却也惊险异常的路上奔走了31年，成为川藏线上的一段传奇。

流动的绿　邮件安全的“航标”

因其美多吉，四川康定至德格604公里的邮路被交通部命名为“其美多吉雪山邮路”。因为要翻越川藏线第一高、第一险的雀儿山，甘孜县至德格县的路途历来被认为是这条邮路最为艰难的路段。

1963年出生的其美多吉小时候的愿望是去当兵。兵没当成，他就想开车，于是想方设法自学驾驶和修车技术，逐渐在边远的德格县城有了名气。

1989年，德格县要开通邮车，招聘驾驶员。彼时，已经小有名气的其美多吉顺利通过考核，成了翻越雀儿山的第一位邮车驾驶员。

现在，作为中国邮政集团四川甘孜县分公司邮车驾驶员、押运组组长，其美多吉的核心任务就是安全准时地把邮政包裹在甘孜和德格间完成传递。最早，其美多吉开的是分公司唯一的一辆5吨的车，每天邮包只能占据车厢的一角。现在甘孜分公司最小的车辆是8吨的，而且每天都出行2至3辆车，甚至有时要加开12吨的车，装得满满

其美多吉驾驶邮车为武汉运送防疫物资（新华社发）

当当。和邮车同时增加的是邮车的长途驾驶员，现在甘孜县分公司有10名驾驶员。其美多吉说：“这是时代的快速发展变化！”

说起开邮车的经历，每位驾驶员都有说不尽的苦，也有道不尽的情。从成都到德格，加上中转，邮车现在两天就可以到达。而过去，要四五天，甚至一周以上。如果冬天被困在雀儿山上，邮件什么时候能够到达，谁都说不清楚，而被困是经常的事。

据其美多吉回忆，原来的老解放车，冬天堵在雪山上，天寒地冻，必须取暖。他会首先把车厢两侧的木板拆卸下来当作燃料，车厢木板烧完后就开始烧备胎。对于每一位邮车司机来说，邮件的安全甚至比个人的安危更重要，不能离开邮车，同时也要想办法生存。

冬天的雀儿山，救援不易。那时的汽车没有防冻液，燃油的质量也低。在雪地里，人们首先要找到燃料，烧好大一锅水给汽车加热，甚至对着柴油发动机一直不停炙烤，感觉要把机器点燃。救助一辆车，往往要耗费四五个小时。即便汽车发动了，燃油还可能冻住，救援车辆要在后面一直烧着火跟着走……

其美多吉说："现在好了，汽车很少有故障。更重要的是路越来越好，安全系数提高了，邮件送达时间大大缩短了！"前两年，甘孜州展开交通大会战，令人生畏的雀儿山打通了隧道，不再翻越海拔超过 5000 米的雀儿山垭口。过去需要几小时走的危险山路变成了几分钟就可穿越的平坦隧道。

尽管如此，邮路的挑战仍在。塌方、泥石流、冰雪时时侵扰川藏北线。2020 年 7 月的一天，德格县遭遇暴雨，不少路面水淹严重，都是半幅路面通行。雀儿山下有一长段路看不清路面，因有运往西藏的邮包，其美多吉和同事们权衡再三，认为邮车底盘高可以通过。

于是其美多吉领头，靠着山崖驾驶邮车，摸索着冲向水淹路面。但令他们没有想到的是，沿途到处垮塌，前行之后又有一大段已经垮塌了半幅路面，而那一段沟谷又没有信号，进退两难，危机四伏。其美多吉观察后告诉队友，尽量走靠山的一面路，不能偏方向。3 辆邮车冒险过去后，路面随即塌陷。其美多吉现在都后怕："如果我们通行的时候垮塌，就很危险了。"

胆大心细，不能让邮件包裹出任何差错。在这条平均海拔超过 3500 米的邮路上，其美多吉完成了近 7000 次往返，累计行程 140 多万公里，从未发生过一次责任事故，总是圆满完成邮运任务。即便 2012 年遭遇歹徒抢劫，身中 17 刀，他也没有放弃坚守，确保了邮车的安全。

其美多吉说自己是热爱工作的普通人。这位普通人，用 31 年的努力工作，成为履职尽责的典范、保障邮件安全的“航标”。

主动请战　冲向抗疫的第一线

对于其美多吉来说，对工作的爱是发自内心的。越是艰难的时候，他越是希望站在第一线。庚子之春，他又义无反顾地冲了上去。

湖北武汉发生新冠肺炎疫情时，其美多吉正受邀参加中央广播电视总台春节联欢晚会。赶回四川，已经是正月初一下午。从电视上，其美多吉看到了自己的同事们已经前往武汉支援，抢送各类抗疫物资。其美多吉坐立不安：“我作为邮政系统的先进人物，应该有担当和责任，我必须去一线，而且应该是第一个去。”

于是，他通过电话请战，之后又向四川省邮政公司写了书面申请。四川省邮政公司考虑到其美多吉年龄较大、受过伤等原因未同意。但其美多吉多次请战，他言辞恳切，用自己特有的方式说：“我是血肉之躯，我的同事也是血肉之躯，我不能看着同事去，而自己躲在一边。”四川省邮政公司领导最终同意他去武汉送物资。

“当时省邮政公司就一个车，两个司机，我和成都公司的肖文远。”据其美多吉回忆，他们 2 月 14 日下午 1 点多从成都出发，开启 1250 公里的行程。这辆 12 吨的邮车上，满载着口罩、酒精等抗疫物资和四川人民的深情厚谊。为让抗疫物资在最短时间送达武汉，两位逆行者中途除了在服务站略微休整、换个人开车外，几乎没有停顿。第二天早上 9 点，邮车驶入武汉静寂的街道。

从成都出发时，同事们将防护服、护目镜等严严实实地穿戴在其美多吉和肖文远身上。但到了武汉，其美多吉看到武汉的同事及抗疫的人群只戴了一个口罩。他立刻要把防护服、眼镜、帽子摘掉。他说："我受不了，我不自在了!"湖北的同事坚决不允许，劝慰其美多吉："脱了也不起作用，同时，从安全的角度讲，必须这样做。"

人们不了解的是，每一次出车，其美多吉都需要忍受巨大的痛楚，因为之前他为保护邮车受了重伤。现在，其美多吉有一块头骨是合金的，低温的时候不保温。如果头顶受了风，感觉就像冰水直接淋到了头上。

当时医生建议，今后其美多吉不能继续开车，做轻松的工作也要有人陪护，因为随时有癫痫的风险。但他凭借顽强的意志和坚定的信念，在病床上躺了一年多以后，最终回到了热爱的工作岗位。

卸完抗疫物资后，邮车马上又装上从武汉发往四川的跨省邮件，其美多吉在武汉待了3个多小时旋即返程。就是这短短的3个多小时，

其美多吉在途中帮助社会车辆安装防滑链（受访者提供）

其美多吉看到了这座静默的城市，却因快递小哥们的奔忙而仍然在有序运转，他更坚信自己的所有付出都是有价值的。他总是希望自己再年轻一些，这样可以有更多的时间奔走在路上。

把雪线邮路精神永远传递下去

伴随快递的兴起，邮件数量连年增加。其美多吉很自豪：“在高原，老百姓特别信任我们邮局。”雪域高原，没有任何一家快递企业能够像邮政公司一样提供不计成本的普遍服务。他仍然清晰地记得，在改革开放初期，老百姓见到邮车，就会围住他：“你一来，绝对有好的消息、好的政策。你们送的不仅仅是家信，更多的是传递党的声音和社会的新鲜事物。”老百姓盼邮车来，这是其美多吉工作的原动力。

“在高原，我们邮政是最快的，而且很多快递公司因为成本等原因，不愿意下乡，即便送到县城里，他们通常还要额外收费。”在运来邮件的同时，其美多吉和同事们还把当地装满特产的包裹带出去，成为藏区脱贫攻坚的桥梁和纽带。

多年来，其美多吉总是主动上一线。他说，他要把雪线邮路的精神传承好。

现在，他会通过小会议、谈心等方式，不时与其他驾驶员沟通，传承班组雪线邮路精神。他说：“雪线邮路是我们这个团队的荣誉，我们要发扬光大，我更要做好表率。”

其美多吉理解的雪线邮路精神，不仅是要确保邮车、邮件的绝对安全，使命必达，将党和政府的温暖传遍雪域高原，还包含对沿途群众能帮则帮的精神。他说："这种精神是所有邮政职工与群众在几十年如一日的实践长河中凝练出来的。来源于我们有困难的时候，特别是被困雪山顶上，农牧民们递上的一杯热茶、一块糌粑、一点取暖的燃料，让我们住帐篷他们来守邮车的水乳交融……"

其美多吉时常对同事们说，捍卫雪线邮路的荣誉，不能只体现在邮路上，要把雪线邮路的精神贯穿到日常服务中去。他与同事们，只要遇到沿途群众有困难，总是义无反顾地帮助。

前不久，《雪山邮路》话剧剧组找其美多吉座谈。他说："我认为必须要突出团队精神，要以团队精神来影响整个行业甚至各行各业和社会。"他建议要把这条路上的前辈们凸显出来，甚至包括当年修筑川藏路的先辈们。在他眼里，雪线邮路精神是"两路精神"的延续，传承与担当义不容辞。

【短评】

向热爱工作的普通人致敬

全国道德模范其美多吉将自己称为"热爱工作的普通人"。这位"普通人"，常年奔波在平均海拔 3500 米以上的高原，在平凡的邮车驾驶员工作岗位上一干就是 31 年，风雨无阻，岁月无悔。他用日复一日的工作诠释了对工作的热情、对人民的热爱、对事业的忠诚，理所应当地受到了我们，特别是甘孜藏区群众的尊敬。

忠于职守、忘我奉献，成就不平凡的事业。其美多吉以螺丝钉精神紧紧钉在川藏线上，被群众誉为“雪线邮路的幸福使者”。他以“每一次都圆满完成任务”成就了邮车安全的“航标”，也成为每一位劳动者努力学习的目标。他扎根于高原大地，把每车邮件看作是向群众传递党和政府声音的桥梁，因而不忘初心、有为担当；他与乡亲们血浓于水，把每一次出行看作是乡亲们对自己的信任、对自己的嘱托，因此义不容辞、使命必达，对每一位遇困者能帮则帮。

时代在变，不变的是对工作的热忱和初心。其美多吉热爱自己的工作，他把工作看作是实现自我梦想与价值的主渠道，因而倍加珍惜、坚忍顽强。任何时候都不能动摇他的信念，任何困难都不能削弱他的激情。其美多吉希望自己再年轻一点，这样有更多的时间驾着邮车奔忙，不仅能为企业多作贡献，也能对社会多作贡献。他把雪线邮路精神看作是集体的荣誉，认为是团结协作的结晶，沉浸在苦并快乐的邮路上。

一位道德模范就是一面旗帜。我们应当向其美多吉致敬，向所有热爱工作的普通人致敬。正因为有了他们的牺牲和付出，我们的生活才越来越美好。在实现中华民族伟大复兴中国梦的征程中，我们更加需要每一位劳动者忘我工作、真情付出。如果14亿多中国人、9100多万党员，都能在自己的岗位上做一颗闪闪发亮的螺丝钉，我们的凝聚力、战斗力将无比强大，我们将无往而不胜。

（李晓东　周洪双）

为深海科考搭建桥梁

——记第七届全国道德模范、国家深海基地管理中心潜航员管理办公室副主任唐嘉陵

“潜航员既是操作人员也是半个科学家，要成为海洋科学家走向深海的桥梁，更好地服务国家深海事业。”

扫码观看唐嘉陵专题片

他是一名“80后”，2006年进入载人深潜领域，成为我国首批自主选拔、培养的载人潜水器“蛟龙号”潜航员；2012年，他驾驶“蛟龙号”，最大下潜作业深度达到7062米，刷新我国载人深潜新纪录，并创造了世界同类型载人潜水器最大下潜深度；如今，他是国家深海基地管理中心潜航员管理办公室副主任、“蛟龙号”载人潜水器主驾驶员。

他就是第七届全国道德模范唐嘉陵，一个向海而生、笑容灿烂的“载人深潜英雄”。

赤子之心

2006年下半年，正当唐嘉陵在哈尔滨工程大学心无旁骛地为考研冲刺时，一则招收深潜试航员的通知激起他对海洋的向往。经过初选，他与另外一名同学来到青岛参加原国家海洋局北海分局组织的深潜试航员选拔。

“这个行业肯定会有风险，但我还是选择试一试，希望能够做些国家急需的事情。”通过层层选拔，2006年12月，唐嘉陵成为“蛟龙号”首批深潜试航员，来到“蛟龙号”载人深潜器的设计单位——中船重工第702研究所接受培训。

“刚开始，学习基本理论课程，包括船舶、液压、机械、电子和潜水器材料等原理知识，还接受了体能和心理训练。”在上海交通大学进行的幽闭训练中，唐嘉陵进入一个逼仄的漆黑空间，在里面一待就是12个小时。这样的训练进行了两次，为了模拟实战环境，后来又从陆地转移到水中。

从水池到江水，从海面到正式下潜，在教练叶聪的带领下，两名深潜试航员在仅能容纳三人的球体生命舱中进行半军事化的学习和训练。“其间，心理也曾出现恐惧，我就一遍遍地想象自己处于下潜状态，细想操作流程，细数操作动作。慢慢熟悉以后，心里有了底，自然就不再害怕了。”唐嘉陵回忆。

从 2009 年起，唐嘉陵开始投身深海大洋事业第一线。在接下来的几年中，他先后参加 3000 米、5000 米和 7000 米海试，并于 2012 年 6 月 27 日完成 7000 米级海试第五次下潜，最大深度达到 7062 米——这也是迄今“蛟龙号”载人潜水器下潜的最大深度。

海试中，每当遭遇恶劣海况或需要长时间水面漂泊时，唐嘉陵都没有丝毫退缩，反而主动要求参加时间最长、最颠簸、最难受的试验任务。迄今为止，他共执行深潜任务 70 余次，作为主驾驶员驾驶“蛟龙号”下潜 40 多次。正是这样一次次实战，让唐嘉陵在潜航经验、身体素质和心理状态上得到了极大提升。

走向深海

走向深海，时刻面临着未知的挑战。潜航员是第一责任人，既要保证装备和人员的安全，也要最大限度地把科学资料和样品带回来。

亲历的一场虚惊，至今令唐嘉陵记忆犹新：“一次在某海域下潜到两三千米深度时，我正全神贯注地观察窗外的情况，突然间出现了几根绳索一样的东西挂在前方五六米处。当时我的第一反应是绳索——对于深海装备来说，绳索很可能是致命的，因为被缠绕后很难脱身。我将潜水器做了急停、上升操作后去探个究竟，发现原来是深

潜航员唐嘉陵在整理下潜所需物资（新华社发）

海章鱼的触角，吸附在海底。”

在海底一处死火山喷口的取样作业，同样让唐嘉陵念念不忘：“由于潜水器停靠的压力，再加上不断的冲击和晃动，死火山的外壳被蹭掉了，内部热液开始往外喷，竟然将‘蛟龙号’侧面的浮力块烧出一个直径 20 厘米的黑疤。如果浮力块被烧掉，就可能与本体脱离造成浮力损失，给潜水器回到海面造成困难。”回来后，他及时总结这次经验教训，优化了潜水器在热液区的工作路径，以便今后能够更加安全地在深海作业。

驾驶“蛟龙号”遨游海底，既有惊险冒汗的一幕，也有一饱眼福的时刻。在唐嘉陵看来，能够看到纯粹的远离人类活动的壮丽景象，是潜航员这份职业最大的福利。

唐嘉陵两次驾驶“蛟龙号”下潜到马里亚纳海沟，相距不远的两个海区带给他截然不同的感受："第一次好像到达一个荒芜的星球，在水下待了两三个小时，没有见到一个生物。第二次下潜，我们带了一块诱饵。一开始，深海都是泥沙沉积物，没有什么生物。半小时后，就看到粉红色的甲壳类生物像蚂蚁一样从沉积物中慢慢爬出来，远远地有鱼游过来，还有椭圆形的多足类生物，拥有银色的背部和金色的触角。"

尽管大洋深处属于人类禁区，但仍然有许多五彩斑斓的神奇生物存在，远远超出人类的认识。这样的感受，让唐嘉陵更加坚定了自己的信念："近几年，我们做试验性应用去了海底的硫化物区域，见到许多生物群落依靠海底火山喷出的热液作为营养和能量来源，形成了独立于光合作用以外的存在。把这些新物种样品和海洋环境数据带回来供科学家分析，相信一定会对海洋科学的发展大有帮助。"

前进动力

"严谨求实，团结协作，拼搏奉献，勇攀高峰。"在国家深海基地管理中心，载人深潜精神标语随处可见。在 2017 年举办的"砥砺奋进的五年"大型成就展上，唐嘉陵作为"蛟龙号"团队的代表，在北京受到习近平总书记的接见——也正是那一次经历，让他对载人深潜精神有了更多体会与感悟。

"更好的潜航员，要更好地适应国家海洋科学发展的需要。"习近平总书记的这句话，唐嘉陵一直铭记于心。如何成为一名更好的潜航员？唐嘉陵有了答案："从事这项工作，首先，要将个人的成长与国家的需要很好地结合起来，坚定理想和信念，爱岗敬业，迎难而上。

唐嘉陵在接受记者采访（受访者提供）

其次，专业技术能力要过硬，只有这样才能做到心中有底、遇事不慌，经受住突发情况与困难风险的考验。最后，要清楚自己的职业定位，为维系科学家与海洋、海洋装备与水下运行发挥桥梁作用。‘蛟龙号’是为深海科考服务的，潜航员既是操作人员也是半个科学家，要成为海洋科学家走向深海的桥梁，更好地服务国家深海事业。”

目前，唐嘉陵所在的技术团队有 8 名在役潜航员，还有 10 余名技术人员，大家共同组成了面向“蛟龙号”重大技术装备的保障团队。“从研发到海试再到应用，‘蛟龙号’是一个个团队接力干出来的。就拿技术保障团队来说，从事‘蛟龙号’工作七八年了，平均年龄只有 33 岁。”唐嘉陵介绍，执行海试任务时，船上几十个人，每个人都是螺丝钉，出现一点闪失都会给整体任务进度造成影响，给国家投入造成损失。为此，大家在海上风雨同舟、善于协作、相互信任。记得有一次，为了保障第二天的下潜任务，大家一直干到凌晨 3 点钟，裹着沾满油污的衣服倒下就睡，休息两个小时后又爬起来布放装备。大家之所以这么拼，就是因为心中始终有一个信念：把宝贵的青春时光奉献给祖国的深海事业。

眼下，“蛟龙号”完成升级，即将进行新的业务化运行，唐嘉陵与同事们整装待发，准备迎接新的任务和挑战。“希望这艘‘大国重器’尽快转变为‘大国利器’，发挥好在深海科考领域的重要作用，也希望未来的海上任务越来越多，种类越来越丰富，让我们能够为人类探索深海大洋作出新的贡献。”

【短评】

奋斗的青春最出彩

如果说青春是人生的黄金时代，那么奋斗就是青春的本色。全国道德模范、“载人深潜英雄”、全国五一劳动奖章、中国青年五四奖章……因为“蛟龙号”，凭借执着的追求、锐意的进取和大胆的创新，唐嘉陵成为同龄人中令人羡慕的佼佼者，他的青春注定不再平凡。

冰心说：“成功的花儿，人们只惊羡她现时的明艳！然而，当初它的芽儿，浸透了奋斗的泪泉，洒遍了牺牲的血雨！”没有哪一代人的青春会一帆风顺，也没有哪一个人的青春该被无端挥霍，美丽的青春需要奋斗作为注脚。从一名刚刚毕业的大学生，面对极具挑战性的工作充满渴望与激情，到身处半封闭的单调环境中接受系统的学习和严酷的训练，再到历经一次次海试磨砺，成长为一名优秀的深海潜航员……一路走来，唐嘉陵经历颇多，也收获颇多。他的成功来自坚强的意志、辛勤的汗水和奋斗的激情，绝非偶然。

一个时代有一个时代的主题，一代人有一代人的使命。当代青年是与新时代共同前进的一代，这是人生最大的际遇，也是最大的考验。“更好的潜航员，要更好地适应国家海洋科学发展的需要。”习近平总书记的这句话，为以唐嘉陵为代表的中国载人深潜团队指明了发展方向，鼓舞着他们向深海进发的勇气与信心。同样，习近平总书记也对新时代青年提出殷切希望："新时代中国青年要树立对马克思主义的信仰、对中国特色社会主义的信念、对中华民族伟大复兴中国梦的信心，到人民群众中去，到新时代新天地中去，让理想信念在创业奋斗中升华，让青春在创新创造中闪光！"逐梦路上，只有把小我融入祖国的大我、人民的大我之中，与时代同步伐、与人民共命运，才能像唐嘉陵一样，找到人生出彩的舞台，过出青春最美的模样。

朝气蓬勃的新时代画卷正在我们面前展开，等待有为青年去描绘属于自己的辉煌。让我们与唐嘉陵一起，自觉按照党和人民的要求锤炼自己，勇于创新、敢于担当，在火热的青春中放飞人生梦想，在时代的舞台上成就事业华章。

（张蕾　赵雨曦　马亚南）

那些为爱坚守的日子

——记第七届全国道德模范、安徽省蚌埠市固镇县新河村村民张家丰

“荣誉多了，责任更大了，就更不能忘本。”

扫码观看张家丰专题片

午饭点还未到，裴女士就匆匆走进位于安徽省蚌埠市固镇县汇金首府小区附近的张家丰饭店，将100元钱放在收银台："老板，订几只现卤的猪脚，下午取，儿子上学要带到合肥去，就好你这口吃的。"

"热乎的给您留着，直接来拿。"帘子一挑，厨房里小跑出一个30来岁的年轻人，寸头方脸，身材板正，两只宽大的手在围裙上擦拭着，笑盈盈地把客人送出了门。

他叫张家丰，是这家饭店的老板、厨师、传菜员，也是收银员。曾经，他用两年时间唤醒了植物人女友；如今，他宽厚的身板撑起了一个普通家庭的幸福期盼。

"餐饮业受新冠肺炎疫情影响大，幸亏老顾客们照应着，生意还过得去。"记者面前，张家丰穿着一身厨师服，一副黑框眼镜透着斯文。

"我不信她会一直睡下去"

如果不是11年前的那通紧急电话，现年32岁的张家丰或许已在合肥扎根，成为一名室内设计师。

1988年出生的张家丰是蚌埠市固镇县王庄镇人，2009年，在合肥一所高校攻读计算机应用专业的张家丰顺利进入室内设计行业实习，与当时的女友张晓宇是同乡。可临近毕业季，女友张晓宇的手机却连续几天打不通。

"晓宇之前老讲头很晕，不会是犯病了吧？"张家丰心里暗暗思忖。

5月的一个傍晚，多天联系女友未果的张家丰第一次在手机里听到了女友舅妈的哭腔："晓宇因为脑积水深度昏迷，住进重症监护室

▶ 张家丰（右）和妻子张晓宇在经营的小餐馆内用手比划心形（新华社发）

了。”来不及多想，张家丰连夜买了一张车票，赶往江苏省第一人民医院。隔着重症监护室的玻璃，张家丰已经认不出女友。

“当时她全身浮肿，身上插满管子，可以说是‘面目全非’。”隔着玻璃，21 岁的青年看了整整一夜，并作出了一个影响他人生的决定：留下来，照顾女友！

然而，这个决定很快遭到了大家的强烈反对。

“晓宇以后的情况谁也说不好，孩子你还年轻，不能耽误自己的人生。”张晓宇的母亲朱建梅第一个不同意。

“家丰，快回来吧，还要毕业，还有工作啊！”有同学打电话劝说，但张家丰不为所动。

“我要守着她，我不信她会一直睡下去！”

在重症监护室的两个月里，尽管医院多次发出病危通知，但在张家丰与女友家属坚持下，经过医护人员全力抢救，张晓宇终于脱离了生命危险。然而，女友植物人的状态却看不到丝毫好转的迹象。万般无奈的张家人只得将女儿接回固镇县王庄镇卫生院维持治疗。也就是从那时起，张家丰正式承担起看护张晓宇的重担。

为了防止张晓宇长期卧床生褥疮，夜间陪床时，张家丰以每 2 小时为间隔设置手机闹铃，定时为女友翻身，并用空心掌为其按摩拍打；洗脸、刷牙、喂流食、换尿不湿……为了唤醒女友，张家丰无数次呼唤张晓宇的名字。在男友和家人的细心照料下，张晓宇的状态逐渐好转，体重也开始增加。

2010 年 9 月，由于头部手术刀口发炎，张晓宇再次被送进江苏省第一人民医院脑外科，进行引流泵取出手术。术后，细心的张家丰发现，从全身麻醉中苏醒过来的张晓宇，她的眼球随着医护人员晃动的手指，开始有意识跟随。

“那一刻，我知道她是真的醒了！”

当张晓宇用微弱的声音喊出张家丰的名字时，站在床边的他喜极而泣。张家丰说，那是他最轻松的时刻。从张晓宇陷入昏迷直到醒来，时间已经过去了近 500 天，这期间，张家丰放弃了学业，丢掉了工作，但他用爱将女友唤回了人间。

“他对我的好，没法用语言表达”

张晓宇醒了，但长期卧床与创痛令她的四肢肌腱出现了不同程度的萎缩，特别是两只脚成了足尖点地的“芭蕾脚”。为了让女友从“醒过来”到“站起来”，张家丰再次踏上漫漫求医路。

“那时候，家丰怕我在路上累着，总是先带着我的病例材料到处挂号咨询，等有了确切的消息再把我接过去。”2020年9月的一天，在张家丰饭店，张晓宇接受了记者的采访，脸上挂着孩童般的笑容。

然而，让张晓宇重新走路的康复训练并不十分顺利。在南京的一家康复中心，张晓宇第一次在“直立床”上站了40分钟，就哭了40分钟。

发现单靠物理康复疗法难以奏效，张家丰又带着张晓宇到上海、北京找医生看骨科，很多医院表示治疗难度太大，可张家丰没有放弃。

“她既然能醒过来，就能再站起来。”

2010年年底，经过病友介绍，张家丰抱着试一试的态度，来到了江苏镇江解放军某医院，当听到专家说出“还有希望”四个字时，张家丰心里就像吃了一颗定心丸。在这里，张晓宇接受了双腿矫正手术以及跟腱延长术，经过几个月的康复治疗，她终于可以慢慢行走了。

精心呵护，默默坚守——张晓宇用近500个日日夜夜唤醒了植物人女友；不离不弃，四处奔走——他又用500多个日日夜夜带着女友慢慢重新站立，最终迈入了婚姻殿堂！

2011年年底，在朋友的婚礼现场，张家丰接过朋友新娘的手捧花，正式向张晓宇求婚。“她想都没想，一下就答应了。”2012年元旦，张家丰与张晓宇喜结连理。

张家丰曾说：“我会尽我最大的努力照顾晓宇，给她一辈子的幸福！”

“这辈子，他对我的好，没法用语言表达。”张晓宇对记者说。

“幸福就是不忘本”

在张家丰饭店的墙上，挂着一幅“家和福顺”的手工画，那是妻子张晓宇用烟盒的包装纸制作成的。小教美术专业毕业的张晓宇心灵手巧，常常做些工艺品赠送光顾店里的食客。

结婚后，张家丰曾带着妻子短暂前往合肥寻找生活出路，但不久就决定返回家乡从事餐饮业。

“室内设计行业变化太快了，而且工作时间紧凑，没法照顾家里。餐饮行业可以从小做起，毕竟民以食为天！”张家丰说。

张家丰（右一）在接受光明日报记者采访（光明日报）

回到熟悉的地方，白手起家的张家丰获得了当地新淮河村镇银行伸来的援手——13万元“好人贷款”成为他的启动资金，当地市场管理、燃气等部门也积极主动上门对接，餐饮生意很快步入了正轨。

就在不久前，张家丰以自己姓名和夫妻头像申请注册的调味料品牌“张家丰牛肉酱”成功通过了审批备案。未来，张家丰盘算着把餐饮业务从线下拓展到线上，让他烹饪的“好味道”飘到五湖四海。

与此同时，张家丰守护爱人、创造生命奇迹的感人故事也传遍了大江南北。2019年，张家丰荣获第七届全国道德模范称号。

“荣誉多了，责任更大了，就更不能忘本。”张家丰至今依然清楚地记得，那些曾在妻子张晓宇困难时伸出援手的人们：好心的医生、热心的病友，还有数不清的陌生人……

“晓宇是从‘鬼门关’走过一遭的人。对我而言，现在能天天守在她身边就是幸福。”张家丰说，“未来，我希望力所能及地帮助更多人获得他们的幸福。”

【短评】

生命的奇迹　人性的光辉

在接受采访时，全国道德模范张家丰提到最多的话是“不能忘本”。在张家丰看来，这个“根本”就是他的家人、他的家庭、他的家乡，以及许许多多帮助过他们夫妇的人。

从设计师到厨师，从省会到县城，张家丰一次次为爱转身，他的回答却只有简简单单两个字——值得。张家丰的选择挽救了爱人，也收获了美满的家庭，他无疑是幸福的。

对张家丰而言，他与张晓宇的“小家庭”构成了人生的“根本”；而对于整个社会而言，正是千千万万这样的“小家庭”构成社会的“根本”。老吾老以及人之老，幼吾幼以及人之幼。社会公序良俗的营造构建不仅仰赖于法律法规的不断完善，也根植于公民私德的培育与弘扬。从这个意义而言，张家丰唤醒植物人女友的感人事迹已经远远超越了爱情本身的浪漫主义色彩，具有更普遍的社会价值。

不忘初心，方得始终。张家丰用11年时间，为爱坚守、不离不弃。这个过程，让我们不仅有幸见证了生命的奇迹与真挚的爱情，更目睹了人性的光辉与社会的美好。

（马荣瑞　常河）

让慈孝之“光”照亮人们心灵深处

——记第七届全国道德模范、广西南宁上林县镇圩瑶族乡镇马社区居民蓝连青

把对家人的关心关爱，也延伸到亲朋邻里以及陌生人身上，成就了一种大爱。

扫码观看蓝连青专题片

“妈，怎么穿得那么少哟！”车子还没停稳，蓝连青便摇下车窗喊道。天空湛蓝，大明山脚下的广西壮族自治区南宁市上林县镇圩瑶族乡镇马社区带着几分寒意，村里的老人们正三三两两坐在村口晒着太阳唠家常。

一下车，蓝连青便直奔婆婆的房间，打开衣柜，抓了一件厚外套，又风风火火地跑出来，温柔地披在婆婆身上。同村的老太太笑道：“哎哟，你儿媳妇真是出了名的孝顺。你看她手上那袋水果都挂到胳膊上了，东西忘了放，却急着给婆婆加衣服，幸福咯！”

作为三个民族、五世同堂大家庭的纽带，蓝连青总是不辞辛劳、体贴入微地照顾家人，让这个大家族其乐融融，引领了一股孝老爱亲的文明新风。2019年，蓝连青被评为第七届全国孝老爱亲模范。在他人看来，这是实至名归；而在蓝连青眼里，自己不过在一直做着平凡的事。

五世同堂的“纽带”

蓝连青丈夫卢成的奶奶享年103岁，生前是当地有名的长寿老人之一。

奶奶在世时，其儿女都已年近八旬，生活多有不便，照顾老奶奶的工作便落在蓝连青身上。

每天早上，蓝连青都是第一时间到奶奶房中，帮助她起床穿衣梳洗，照顾她饮食起居，晚上睡觉前再到她床头探视，确保奶奶安睡后才放心。

“奶奶长年卧病在床，我爱人每天帮她清理大小便，照料她换洗，为她做合口饭菜，这样的悉心照料，她一干就是10多年，从不皱一次眉头。”说起蓝连青，丈夫卢成既钦佩又心疼。

那是2006年，奶奶不小心摔跤骨折，从那以后不能独立站起来。“每每听到奶奶痛苦呻吟，我的心像被紧紧揪住，恨不得自己能为奶奶承受。”蓝连青说。为了让老人好受一些，蓝连青四处打听，终于找到一位老中医，按照医生指点，需要到悬崖峭壁上采草药来医治。

当天，蓝连青和丈夫匆匆吃过午饭便背着竹篓上山了。山上没有路，又逢阴雨天气，石头上青苔遍布，稍有不慎就会滑下山。两人互相搀扶着爬上峭壁，终于发现了最难采的一味药，但是得卧着爬过一道石缝才能采到。丈夫体形较大，进不去，只有体形娇小的蓝连青才能通过。自小就有恐高症的蓝连青虽然系好了保险绳，但腿还是不由自主地发抖。

▶ 蓝连青（左四）五代同堂在广西南宁演出（受访者提供）

卢成见状，心疼地说："我看还是算了吧，这药我们不采了！"蓝连青想到奶奶的健康，坚持咬紧牙关匍匐钻行，终于在竭力伸出右手的一刹那摘得草药。但往回爬的时候，疲惫的蓝连青过于激动，眼镜磕碰到一条突兀的藤根掉下悬崖。没了眼镜，高度近视的蓝连青只能慢慢摸索而下，惊险的一幕让不远处的丈夫吓出一身冷汗。

这味承载孝和爱的草药，很快让奶奶恢复健康，不再疼痛。每逢赶圩日，蓝连青都会用轮椅推奶奶到街上感受热闹，给她买爱吃的软糍粑、买新衣服……在蓝连青的照顾下，奶奶心情愉悦，也成了家里的开心果。曾孙们一到家，就跑到她的房间，陪她说说笑笑，好不热闹。

蓝连青孝老爱亲的事迹，让整个镇圩乡都兴起了孝老爱亲的和谐风气。蓝连青说，自己之所以这样孝老敬老，是因为小时候受母亲影响。那时候，母亲一家兄弟姐妹多，也同样是大家庭，大家总会把尊老孝老放在第一位。因此，这个家庭能够延续慈孝家风，团结和睦，互敬互爱。

村民心中的"女神"

蓝连青把对家人的关心关爱，也延伸到亲朋邻里以及陌生人身上，成就了一种大爱。邻里说起蓝连青，无不交口称赞。

街上有一位梁姓老奶奶，丈夫早逝，女儿远嫁，留下老人独自生活，居无定所，无依无靠。蓝连青知道后，将梁奶奶接到家里，悉心照料了两年。后来，蓝连青帮梁奶奶找到了居住的地方，但是屋子不通水，她便每天从自家挑一担水到梁奶奶家，还时常去帮老人做家务。

一天中午，在外工作的卢成接到蓝连青的电话。电话里传来妻子焦急的声音："梁奶奶生病了，肚子疼得在地上打滚，怎么办?"卢成一听，赶忙给镇上的客车司机打电话，让他们帮忙把老人送到医院。

但事情并不顺利。直到晚上，卢成到家后才知道，情急之下，蓝连青独自一人把老人背起来，迈着艰难的步履，一步一步将老人背到镇上的医院。

"我妻子个子那么小，梁奶奶可能比她还重，想到她当时有多辛苦，我的眼泪就止不住掉下来。"卢成回忆道。梁奶奶当时患了急性阑尾炎，醒来后，她噙着泪水，紧握着蓝连青的手说："没有你，我可能就不在这个世上了。"

"妈妈就像是一道光，燃烧自己，温暖了别人，照亮了我们。"蓝连青的小女儿卢思颖感触颇深，"在妈妈的言传身教下，我也在努力成为像她一样的人，哪怕是跟我非亲非故的老人，我也会主动帮助。"

卢成说，他的爷爷曾留下一个祖训——人要懂得舍。在卢成看来，他将爱人蓝连青这种慈孝理解为一个字"舍"，舍得付出，帮助别人，有舍有得，而这个"得"在妻子身上展现出来的就是"德"。

在村民眼中，蓝连青就是他们的"女神"。邻居不在家时，蓝连青就煮面或粥送给邻居家里的老人吃；农忙时节，她帮助村民收玉米、采桑叶；闲暇时，她邀请大伙到家里唱山歌、跳跳舞，丰富生活；最近，她还组织村民开展美丽乡村活动，带头打扫村道和球场……

瑶山歌艺术团的"大姐"

瑶族同胞素有唱山歌的民风。蓝连青的父母如今均已年逾八旬，是上林县有名的瑶族“歌王”。为了传承和发扬瑶族山歌文化，蓝连青和卢成决定收集散落民间的歌词曲谱和民间故事，并整理出来。

当地瑶族有个习俗，“山歌要开嗓，好酒先三碗”。第一次到长辈家里请教时，卢成只喝一杯就醉得不省人事，只记得妻子把自己扶回家，一直在身旁照顾他。

醒来后，卢成犯了难。蓝连青安抚他：“你先休息，过一段时间再去。”

几天后，卢成决定再次登门拜访老师。这一次，蓝连青拿出自家酿的低度米酒陪丈夫一块去。老师看到了他们的坚持和诚意，也乐得把自己会的山歌倾囊相授。

因为瑶族山歌没有文字，每次卢成学习山歌回到家后，他慢慢唱，蓝连青一字一句用中文和拼音作为谐音，把一首首山歌记在纸

蓝连青（前排左一）家庭聚会照（受访者提供）

上，整理成册。经过多方筹备，以蓝连青家族成员为主要成员的瑶山歌艺术团成立了。

以前，散落民间的瑶山歌歌词内容和唱腔比较单一。成立艺术团后，蓝连青和丈夫把曲调作了进一步提升，使山歌的曲调唱腔更丰富，表现力更强。他们还将党的惠民政策、中华美德贤文、新农村建设等内容，用本土壮音编成歌词进行传唱。2020年新冠肺炎疫情期间，蓝连青一家人还创作了家庭防疫山歌，词曲句式整齐，朗朗上口，通俗易懂，深受群众喜爱。

从此，瑶乡山歌在崇山峻岭间唱响，瑶山歌艺术团也迎来首次登上舞台的机会。歌曲编排好了，可是大家需要统一服饰，怎么办？虽然演出服装费用不算高昂，但对艺术团来说，仍是一笔不小的开销。

"我来吧！我会做民族服！"当大伙一筹莫展时，蓝连青自告奋勇站了出来。

"蓝姐，我们担心你累……"艺术团成员们担忧地说。蓝连青却赶忙摆摆手，说："这是我们第一次登台，一定要漂漂亮亮的，让父老乡亲听得开心，看得欢喜。"说罢，便张罗大家量体裁衣。那段时间，蓝连青在缝纫机前一坐就是一整天，有时忙碌到凌晨3点钟才休息。

上了舞台，有了音乐，还得有舞蹈。艺术团里各行各业的人都有，但更多的是农民，从来没跳过舞。蓝连青就到乡中心小学向老师请教，一起编舞，再手把手教给大家。"因为刚开始我们的动作比较笨拙，肢体不灵活，蓝姐像教小学生一样，耐心又细致，我们生活遇到问题，也喜欢向她倾诉。"艺术团成员提到她，没有一个不竖起大拇指的。

蓝连青和丈夫自编自导自演的瑶山歌等歌舞节目，受到越来越多人的青睐。近年来，瑶山歌艺术团走出大山，到北京、香港等地展演，一家6口人还登上南宁国际民歌艺术节的舞台。“瑶族文化是中华民族文化的瑰宝之一，我将继续尽绵薄之力，把它发扬光大。”蓝连青说。

【短评】

一道“光”万千情

在三个民族、五世同堂的大家庭中，蓝连青如一个纽带，让家庭成员心相连、情相牵，如石榴籽般紧紧抱在一起，和和美美，其乐融融。

孝老爱亲，不是一句口号，而是实实在在的行动。蓝连青几十年如一日，无微不至照顾多位长辈。她的每一个举动，看似十分平凡，却处处令人倍感温暖。这背后，是慈孝文化在蓝连青心中的深深根植，是慈孝好家风的一脉传承。

蓝连青身上，更有一种包容无私的大爱。对无亲无故、无依无靠的老人，她视如家人，主动关心照顾对方。这种大爱，彰显出蓝连青突破家庭、民族、地域所限的慈孝观。正如其丈夫所言，这种慈孝体现为一个“舍”字——舍得付出，帮助别人，有舍有得，而这个“得”在蓝连青身上展现出来的，就是品德的“德”。

慈孝是一种情怀，更是一种文化。文化需要挖掘、传承、弘扬。

蓝连青与丈夫携手并肩，成立瑶山歌艺术团，挖掘民族文化精髓，从小家到大家，从山里到山外，让慈孝文化越过崇山峻岭，温暖你我，感动世人。

身教胜于言传。蓝连青孝老爱亲的行动，感染着村里的左邻右舍，更潜移默化影响着下一代，正如其女儿所言：“妈妈就像是一道光，燃烧自己，温暖了别人，照亮了我们。”

这道“光”，传递的是人间温暖，蕴含的是万千真情。

（周仕兴　谭珺）

责任编辑：李之美　王若曦

图书在版编目（CIP）数据

道德模范　光明礼赞 / 中央文明办二局，光明日报社 主编．— 北京：
人民出版社，2021.7

ISBN 978－7－01－023512－7

I. ①道…　II. ①中…　②光…　III. ①精神文明建设－先进事迹－中国
IV. ① D648

中国版本图书馆 CIP 数据核字（2021）第 113033 号

道德模范　光明礼赞

DAODE MOFAN GUANGMING LIZAN

中央文明办二局　光明日报社　主编

人民出版社 出版发行

（100706　北京市东城区隆福寺街 99 号）

北京盛通印刷股份有限公司印刷　新华书店经销

2021 年 7 月第 1 版　2021 年 7 月北京第 1 次印刷

开本：710 毫米 ×1000 毫米 1/16　印张：18

字数：210 千字

ISBN 978－7－01－023512－7　定价：55.00 元

邮购地址 100706　北京市东城区隆福寺街 99 号

人民东方图书销售中心　电话：（010）65250042　65289539